대한민국의 위험한 선택

대한민국의 위험한 선택

전환기 한국 외교의 네가지 위기

이용준 지음

기파랑

목차

일러두기

아래와 같은 국가명 약칭 사이의 약물은 최초만 정확하게 표기하고 가독성을 위해 생략했습니다.

- 한·미, 한·일, 한·중, 한·러 → 한미, 한일, 한중, 한러
- 미·일, 미·중, 미·북, 미·소, 미·러 → 미일, 미중, 미북, 미소, 미러
  (예외 : 미·일·중·러 등과 같이 3개국 이상 표기할 때는 중점을 생략하지 않음)

추천사

전문가가 들려주는 이야기들은 흥미롭고 교육적이다. 우리가 갖춘 지식들은 대부분 상식의 수준에 머문다. 진정한 전문가들이 들려주는 이야기들은 우리로 하여금 상식을 넘어선 세상의 모습을 보도록 만든다. 그래서 이야기를 잘 하는 전문가를 만나는 것은 행운이다.

국가들 사이의 교섭이므로, 외교는 성품과 능력을 갖추고 경험을 쌓은 전문가들만이 제대로 할 수 있는 업무다. 외교의 경험이 없으면 외교관들이 하는 얘기들을 알아듣기도 힘들다. "대사는 자기 나라의 이익을 위해 거짓말을 하라고 외국에 파견된 정직한 사람"이라는 17세기 영국 외교관 헨리 워튼의 자주 인용되는 토로에서 이 점이 잘 드러난다. 『대한민국의 위험한 선택』에서 이용준 대사 자신은 이렇게 설명한다.

"외교가에는 외교관끼리만 통하는 독특한 언어가 있다. 외교가의 용어들은 고도로 수사적이고 모호하고 때로는 표리부동하여 일반인이 정확하게 의미를 알아채기 어려운 경우도 많다. 보일 듯 말 듯 전개되는 복잡한 언어의 유희 속에서 상대방의 본심을 찾아내는 것은 외교관의 가장 중요한 임무 중 하나이기도 하다."

자연히, 평생 외교업무에 종사한 외교관이 들려주는 얘기들은 흥미롭고 교육적이다. 이 책의 원고를 읽고 나서 또렷한 기억으로 남은 일화들 가운데 특히 인상적이었던 것은 오키나와의 미군기지에 관한 것이다.

"필자가 과거 2002년 주한미군 참모장과의 SOFA 개선협상 수석대표를 맡고 있던 시절, 일본의 방위비분담 현황 시찰을 위해 오키나와 주도 나하를 방문한 적이 있었다. 그때 공항 인근 지역에 지평선 너머로 끝없이 펼쳐진 광활한 평야가 녹슨 철조망으로 둘러싸인 채 방치되어 있는 광경이 꽤 인상적이었다. 2천 만㎡가 넘는 땅이라고 했다. 일본 정부 안내원에게 그 넓은 땅을 왜 놀리는지 물었더니, 그 땅은 한국에 전쟁이 나면 미국에서 공수되어 올 증원군의 1차 집결지로 사용될 땅이라고 했다. 갑자기 마음이 숙연해짐을 느꼈다. 한국에도 그런 땅이 없는데 웬 일본에."

이런 이야기는 외교 전문가만이 들려줄 수 있는 얘기다. 한미동맹의 내력과 현황에 대해 알 만큼 안다고 생각해온 터라, 오키나와에 황야로 남아있는 그 집결지의 존재는 내 마음 속에 물결을 일으켰다. '미군이 공수되면, 일본에 있는 미군 기지들에 도착하겠지'하는 막연한 생각을 품었을 따름, 거대한 집결지가 필요하리라는 데엔 생각이 미치지 못했었다. 1944년 노르망디 상륙작전을 위해 집결한 연합군 병사들과 장비들로 영국 남부가 거의 다 뒤덮였다는 글을 쓰고서도, 막상 대한민국을 구원하러 올 미군이 집결해서 재정비할 곳에 대해선 생각해 본 적이 없었다.

『대한민국의 위험한 선택』은 네 부분으로 이루어졌다. 제1장 '기로에 선 한미동맹'은 한미동맹의 성격과 현황을 다루었다. 두 나라 사이의 근본적 관계와 함께 방위비분담과 전시작전권 문제처럼 당장 중요한 문제들을 살폈다. 제2장 '동상이몽의 한중관계'에선 우리와 중국 사이의 관계를 살피고 현 정권의 중국에 대한 굴종적 태도를 점검했다. 제3장 '출구도 퇴로도 없는 북한 핵문제'는 지금 가장 중요한 외교적 과제인 북한 핵무기 문제를 다루었다. 워낙 복잡하고 전망하기 어려운 주제인지라, 저자의 오랜 경험에 바탕을 둔 통찰이 돋보인다. 제4장 '혼돈과 위기의 한반도 게임'에선 한반도의 지정학적 상황을 다루었다.

저자의 견해가 뚜렷이 드러나는 대목은 제3장의 '향후 북한 핵문제의 네 갈래 길'이란 항목이다. 그는 "미국과 북한의 비핵화 협상이 결정적으로 진전도 되지 않고 그렇다고 위기상황이 도래할 만큼 악화되지도 않는 애매한 상황이 장기간 지속되는 상황"이 가장 가능성이 높다고 진단한다. 그래서 "북한이 추구해 온 '핵보유국 북한'의 기정사실화와 제재 해제가 사실상 모두 실현되어 인도, 파키스탄에 이은 9번째 핵보유국 탄생이 현실화될 가능성이 크다"는 얘기다. 현 정권이 '북한의 대변인' 노릇을 하면서 북한 정권에 시간을 벌어주려 애쓰는 현실에서 곰곰 음미할 만한 진단이다.

이 책은 우리 시민들 모두에게 흔쾌히 추천할 만하다. 우리나라의 처지가 어렵고 현 정권의 외교정책이 그러한지라, 경험 많은 외교관들의 가슴마다 걱정과 울분이 가득할 터이다. 그래도 외교관답게 그런 걱정과 울분을 잘 다스려, 이용준 대사는 절제된 글을 썼다. 젊었을 적에 동아일보 신춘문예에 희곡이 당선된 문인이어서 이야기꾼의 가장 큰 미덕은 절제임을 잘 아는 덕분이리라.

나로선 외교부, 통일부, 국방부와 같은 외교와 안보 부서에 근무하는 공무원들에게 이 책을 권하고 싶다. 우리 사회에선 정부 기관이든 기업이든 단체적 기억corporate memory이 빈약하다. 조직이 자주 바뀌고 문서가 오래 보존되지 않는 것이 근본적 문제지만, 문서에 담기지 않고 구성원들의 기억 속에만 존재하는 지식들이 잘 이어지지 않는 것도 큰 문제다. 구성원들이 직업적으로 얻은 지식들은 조직의 재산이지만, 도덕 수준이 낮고 지적재산권에 대한 인식이 부족한 사회인지라, 업무와 관련해서 얻은 지식들을 자기만 알고 후임자들에게 넘기지 않는 경우들이 너무 많다. 외국의 정부 기관이나 기업에 찾아가서 궁금한 사항을 물어보면, 흔히 "당신 전임자들이 답변을 듣고 자료를 얻어갔는데, 왜 또 왔느냐?"는 반응이 나온다는 얘기가 자주 들린다.

우리의 운명에 큰 영향을 미치는 강대국들에 파견된 대사들이 모조리 외교관들이 아닐 정도로 경력 외교관들이 푸대접을 받고 특히 미국과의 교섭에 경험이 많은 외교관들이 핍박을 받는다는 얘기가 들린다. '적폐청산'이란 구호가 기본 원리로 된 상황에선 단체적 기억은 많이 사라질 수밖에 없다. 업적을 많이 쌓은 외교관들의 경험에서 배워 많이 사라진 단체적 기억을 복원하는 것은 크게 바람직할 터이다. 이용준 대사의 『대한민국의 위험한 선택』은 그렇게 사라진 단체적 기억을 복원하는 데 많은 도움이 될 책이다.

2018년 11월
복거일

머리말

    이제 오랜 공직의 무거운 짐을 내려놓으면서, 38년 만에 처음으로 얻은 자유를 영혼과 입과 손으로 만끽하며 이 글을 쓴다.

    지난 세월 한국의 고도성장과 민주화의 급류 속에서, 냉전종식의 상승 기류에 올라탄 한국 외교의 혁명적 팽창 속에서, 도무지 빛이 안 보이는 북한 핵문제의 30년 질곡 속에서, 피아식별이 불가능한 남북한 관계의 혼돈 속에서, 유행병처럼 번져오는 중화주의의 환상을 쫓는 정체불명의 행렬 속에서, 60년 영욕의 역사에 지친 몸으로 거울 앞에 선 한·미동맹의 이상기류 속에서, 그리고 점점 쇠락하고 기울어 가기만 하는 국내적 외교 여건 속에서, 마지막까지 외교 현장의 작은 한 구석을 지키다 떠난다.

    그동안 겪은 수많은 전투현장에서 부대 깃발을 움켜쥐고 앞장서 달리기도 했고, 전우들과 승리의 나팔을 함께 불기도 했고, 부상당하여 참호 속에 엎드려 목숨을 연명하기도 했고, 포로가 되어 굴욕과 침묵의 세월을 보내기도 했었지만, 이제 지평선 너머로 다시 몰려오는 모래폭풍을 바라보며 그 모든 과거를 털고 야인이 되어 긴 휴식을 떠나려니 몸도 마음도 무겁다.

    끝이 안 보이는 모래폭풍이 다가온다. 지난 30년간 온갖 시행착오를 거듭해 온 북한 핵문제는 점점 가까이 다가오는 '진실의 순간'을 피해 출구도 퇴로도 없는 막다른 골목으로 달려가고 있고, 한국의 좌파 정권과 우파 정권 양쪽으로부터 끊임없이 상처받아 지치고 병든 한미동맹은 한국의 새 정부 출범으로 다시 기로에 서 있다.

지난 20여 년간 동상이몽의 극을 달리면서도 희망의 끈을 놓지 않았던 한중관계는 드디어 중화주의의 거친 민낯을 드러낸 '대국'의 포효를 맞아 망연자실하고 있다. 그에 더하여, 한때 저물어가는 북녘을 바라보며 통일의 날을 꿈꾸던 우리의 자부심에 찬 목소리는 핵보유국의 완장을 차고 다가오는 북한의 거침없는 진군나팔 소리에 자꾸만 힘을 잃어간다.

그런 불안스런 전선을 뒤로하고 떠나자니 차마 발이 떨어지지 않아, 지난 세월 하고 싶었던 얘기들, 하고 싶어도 할 수 없었던 얘기들, 해서는 안 되었던 얘기들, 해도 소용없었던 얘기들, 그럼에도 불구하고 이 나라의 미래를 위해 우리 이웃사람들이 꼭 알아야 할 얘기들을 말하고자 이 책을 쓴다.

이 책에 기술된 내용 중에 새로운 사실은 거의 없다. 그 시대에는 웬만하면 다들 알았던 일들이다. 필자는 다만 내부자의 시각에서 그 부서지고 헝클어진 역사의 파편들을 재정리하고 의미를 부여하고 주석을 달았을 뿐이다.

언젠가는 한번 김훈의 소설 『칼의 노래』와 같은 멋진 머리말을 쓰고 싶었지만, 도저히 이룰 수 없는 꿈을 포기하고 이 평범한 머리말을 쓴다.

2018년 12월
이 용 준

제1장 기로에 선 한미동맹

1

미국은 점령군도
산타클로스도 아니다

　국가들 간의 동맹의 역사는 국가의 역사만큼이나 길다. 약소국은 다른 나라의 보호를 받기 위해, 강한 나라는 세력을 확장하고 경쟁적 강국의 등장을 견제하기 위해 다른 나라와 동맹을 맺어왔다. 약육강식의 세계에서 누구도 혼자 생존하기는 어렵고 아무리 강한 나라도 혼자 모든 적을 상대하는 것은 어려웠기 때문이다.

　역사상 이러한 동맹제도를 가장 유용하게 활용하여 지속적으로 국력과 영토를 확장해 나간 대표적인 나라는 로마였다. 로마는 도시국가에서 제국으로 팽창하는 전 과정을 통해 항상 여러 개의 동맹국으로 구성된 동맹연합체였다. 로마가 이탈리아반도와 시칠리아 전체를 장악했을 때도 도시국가 로마의 직할영토는 로마 주변의 작은 부분에 불과했고, 북부와 남부의 대부분 영토는 별도의 민족구성과 역사와 통치체제를 가진 수십 개 독립적 동맹국들의 소유였다.

　그들 동맹국들이 로마의 동맹국으로 남는 데 만족하고 다른 마음을 품지 않았던 이유는 무엇보다도 동맹국이 되는 조건이 매우 너그러웠기 때문이었다. 로마는 주변 국가들과의 끊임없는 전쟁을 통해 영역을 넓혀 갔지만, 로마가 다른 나라를 정복했을 때 그들에게 요구한 것은 전쟁피해에 대한 보복이나 배상도, 통치권 박탈도, 영토 할양도 아니었다. 승전국 로마가 패전국에게 요구한 것은 단 한 가지, 로마와의 동맹조약 체결뿐이었다.

동맹조약의 내용도 아주 간단했다. ①로마연합이 전쟁에 처하면 병력을 일부 제공한다는 것과 ②로마의 다른 동맹국들을 침략하지 않는다는 것이 전부였다. 그래서 로마와 결전을 벌여 패한 이후에도 패전국의 왕은 왕위를 그대로 유지했고, 세금도 패전 이전과 똑같이 거두었다. 그들은 로마에 복종할 필요도 없었고, 세금을 걷어 로마에 바칠 필요도 없었다. 그렇게 조건이 너그러웠으니 굳이 로마와의 동맹을 파기하거나 배신할 필요도 없었다.

기원전 3세기 로마와 카르타고 간의 제2차 포에니 전쟁 당시 무적의 한니발의 군대가 이탈리아반도를 16년간이나 무인지경으로 짓밟고 다녔으나, 로마의 동맹국들 중 배신한 나라는 거의 없었다. 그 때문에 한니발의 카르타고군은 16년 동안이나 이탈리아반도를 종횡무진 석권하고도 로마와 로마의 동맹국들을 투항시키지 못했다.

한니발과의 16년 전쟁에서 10명 이상의 집정관과 10만 명 이상의 군인들이 전사한 후에야 로마는 간신히 카르타고의 무조건 항복을 받아낼 수 있었다. 그러나 승자 로마가 패배자 카르타고에 요구한 승리의 대가는 터무니없을 만큼 작은 것이었다. 형식적인 소액의 배상금과 함께 카르타고 해군의 군선 수를 제한하고 로마의 허락이 없이는 이웃나라와 전쟁을 하지 못하도록 금지했을 뿐, 아무런 보복조치 없이 전쟁 이전의 영토와 통치권을 그대로 인정했다.

로마가 시칠리아의 강국 시라쿠사와 수년간 힘겹게 싸워 승리했을 때도 단지 시라쿠사가 생산하는 밀을 로마에 우선적으로 판매해야 한다는 조건이 붙은 동맹조약의 체결을 요구했을 뿐이었다. 물론 로마는 모든 밀 값을 국제가격으로 치르고 사갔다.

훗날 로마가 이탈리아반도 전체를 석권하고 남서유럽 전역과 그리스, 동유럽, 북아프리카, 오리엔트, 이집트를 포함하는 대제국을 건설했을 때에도 로마는 단일 국가가 아니라 수많은 동맹국과 속주, 자치도시, 직할령 등으로 구성된 거대한 연합체였다. 이 동맹관계는 설사 대등하지는 않았다 해도 상호적이었고, 이들이 배신하지 않는 한 로마는 그 주권이나 내정에 간섭하지 않았다.

그러나 그들이 외세의 침략을 받을 경우에는 로마는 지체 없이 군대를 파견해 이들을 지원했다. 당시 로마를 중심으로 하는 동맹체제의 운용 양상을 보면, 요즘 미국을 중심으로 NATO, 캐나다, 호주, 한국, 일본 등으로 이루어진 범세계적 동맹체제와 유사성이 많아 보인다. 미국이 동맹국들에게 거의 일방적 안보지원을 제공하면서도 특별한 대가를 요구하지 않고 동맹국의 내정에 간섭하지 않는 것도 유사하다.

과거 구한말 당시 우리 조상들은 미국의 세력을 한반도에 끌어들이기 위해 많은 공을 들였다. 한반도에 드나들던 중국, 일본, 러시아 등 세력들 중에서 오직 미국만이 영토적 욕심이 없는 나라였기 때문이다. 그러나 미국은 한반도에 대해 별다른 관심이 없었고 다른 나라들을 견제할

만한 군사력도 없었기 때문에 우리 조상들의 꿈은 이루어지지 못했다. 단지 많은 미국 민간인들이 교육과 사회사업 등을 통해 한국의 자주독립을 자발적으로 도왔을 뿐이었다.

그 후 수십 년의 세월이 흐른 후 한국과 미국은 한국전쟁 중에 다시 만나 동맹관계를 맺었다. 1950년 북한의 남침사태가 발생하자, 트루먼 대통령은 영국이 1930년대 말 히틀러의 라인란트 침공을 묵인했다가 제2차 세계대전 발발로 연결되었던 역사의 교훈을 생각하고 즉각 참전을 결정했다. 그 결과 3년간 약 48만 명의 미군이 참전하여 그 중 거의 10%인 약 4만 명이 전사 또는 실종되었다. 미국은 한국전쟁 직후인 1953년 10월 한미동맹조약(상호방위조약)을 체결했고, 1961년까지 대규모 무상 경제원조를 1970년대 말까지 무상 군사원조를 제공했다.

북한은 미군이 남한을 강점해 민족통일을 막고 한국을 경제적으로 수탈했다고 주장하지만, 한국의 국가적 성공과 성장은 미국의 안보지원과 경제지원 없이는 불가능한 일이었다. 또한 미국의 요청에 따른 한국군의 베트남전쟁 참전은 약 5천 명의 고귀한 인명 희생에도 불구하고 우리 경제성장의 결정적 시발점을 형성했다. 만일 한국군의 베트남전쟁 참전에 따른 우리 기업의 해외진출과 막대한 외화유입이 없었다면 현재의 한국은 존재하기 어려웠을 것이다. 한국의 1인당 국민소득이 1974년부터 북한을 앞지르기 시작한 것도 그에 힘입은 바가 매우 컸다.

물론 미국이 한국에게 단지 맹목적인 구세주인 것은 아니었다. 로마가 자신의 동맹국들에게 그러했듯이, 미국이 한국의 방위와 경제발전을 지원한 것은 그것이 자신의 가치관이나 이익과도 합치했기 때문이었다.

그 때문에 양국이 동일한 가치관과 이익을 공유하는 동안은 관계가 원만했으나 그렇지 못한 경우 적지 않은 갈등이 있었다.

과거 양국 간에 크고 작은 갈등이 많았으나, 가장 컸던 갈등요인은 크게 두 가지였다. 첫 번째는 박정희-전두환 정부 시절 한국의 민주화와 인권신장 문제를 둘러싸고 벌어진 장기간의 극심한 갈등이었고, 두 번째는 김대중-노무현 정부 시절 북핵문제와 대북정책에 관한 상이한 시각을 둘러싼 10년간의 갈등이었다. 그 중간지점에 시장개방 문제를 둘러싼 통상갈등의 시기가 수년간 계속되었으나 그것은 단지 양국의 이해관계의 충돌이었을 뿐, 양국관계의 근간을 흔들 정도는 아니었다.

한국의 국내정치 민주화를 둘러싼 미국의 개입은 박정희 정부 당시의 국내 민주화 운동들과 맥을 같이한다. 한국 정부가 미국의 거듭되는 민주화 권고를 거부하자 미국 의회로부터 주한미군 철수안이 제기되기 시작했고, 한국 정부가 대의회 로비를 통해 이를 저지하는 과정에서 박동선 불법로비사건이 발생했다. 1977년 취임한 카터 대통령은 주한미군 철수를 실행에 옮기기 시작했으나, 당시 베트남의 공산화에 고무된 김일성이 무력통일 의지를 공공연히 표출하는 바람에 한반도 전쟁재발을 우려한 미국 의회의 권고로 철군계획이 백지화되었다.

전두환 정부에 들어와서도 미국 정부와 의회는 각종 민주화 현안 및 특정 인권문제에 있어 나름대로 목소리를 내었고, 특히 전두환 대통령 임기 마지막 해인 1987년의 「4·13 호헌조치」에서 「6월 항쟁」을 거쳐 「6·29 선언」에 이르는 지극히 혼란하고 위험했던 시기에는 주한 미국대사관이 전두환 정부의 계엄선포 움직임을 저지하기 위해 구두압박과 경고문서 전달 등을 통해 한국 국내정치에 노골적으로 개입하기도 했다.

그 시기 미국은 한국 정부를 대단히 불신했다. 1986년 한국 정부는 북한이 건설 중이던 금강산댐이 88올림픽을 방해하기 위한 거대한 음모라고 하면서, 서울이 물에 잠기는 황당한 시나리오를 공개했고, 이를 막기 위한 '평화의 댐' 건설을 위한 모금이 시작되었다. 그러자 미국 정부는 당시 방미 중이던 우리 외교부 고위대표단을 초빙하여, 금강산댐의 저수량이 대단히 과장된 것이라는 정보브리핑을 실시했다. 우리가 다 지켜보고 있으니 쓸데없는 장난은 치지 말라는 경고였다.

당시 외교부 북미과의 실무자였던 필자가 직접 겪은 경험도 하나 있다. 1987년 11월 북한의 KAL기 폭파사건(일명 '김현희 사건') 당시, 한국 외교부는 미국에게 유엔 등 국제무대에서 북한을 규탄하고 응징해 줄 것을 요청했다. 당시 한국은 유엔 회원국이 아니어서 유엔에서 직접 나설 권한이 없었다. 그러나 한국 정부의 강력한 요청에도 불구하고 미국은 아무 반응을 보이지 않았다. 한국 정부의 말을 믿지 않았기 때문이었다.

우리 측의 협조 요청이 계속되자, 미국 정부는 '사건의 진실을 직접 확인하기 위한 목적으로' 폭파범인 김현희와의 독대를 요구했다. 그건 우리 정부의 발표를 의심한다는 뜻이었고, 우리 정부는 안 된다고 펄쩍 뛰었다. 양측 간에 수일에 걸친 날카로운 신경전 끝에 결국 미국 정부요원 2명이 한국 정부 관계자의 배석 없이 김현희를 직접 면담했다. 한국 정부의 발표에 대해 큰 불신을 가졌던 그들은 놀랍게도 불과 한두 시간 만에 김현희가 북한의 핵심공작원임이 100% 확실하다는 판정을 내렸고, 그에 따라 미국 레이건 행정부는 곧바로 북한을 테러지원국으로 지정하는 등 제재에 돌입하게 되었다.

그들 요원이 대체 어떻게 그리도 빨리 명확한 확신을 갖게 되었는지 궁금하여 필자가 그들에게 비공식으로 물어본 결과, 그들이 사용한 방법은 상상도 못할 정도로 쉽고 간단했다. 그들은 북한과 미국만 알고 한국 정부는 전혀 모르는 여러 개의 북한관련 기밀정보들을 다른 여러 개의 가짜 정보들과 섞어 김현희 앞에 펼쳐놓고 그 중 진짜 정보를 골라내게 했다고 한다. 그랬더니 김현희는 잠시도 망설이지 않고 정확히 모든 진짜 정보를 골라냈다고 한다. 그래서 그들은 김현희가 상당히 고위급의 북한 공작원임에 틀림없음을 곧바로 확신하게 되었다고 했다.

그 시기에 한국의 민주화와 인권 문제를 둘러싼 한·미 양국의 상호 불신과 갈등은 매우 심각했으나, 그럼에도 불구하고 양국 간 안보협력에는 아무 문제가 없었다. 그러나 김대중-노무현 정부 기간 중 한미 간에 야기되었던 대북정책 관련 이견과 불신은 안보문제와 직결된 사안들이 대부분이었고 양국 정부의 정체성의 차이와도 관련된 현안들이어서 심각성이 더욱 컸다. 따라서 이러한 갈등은 자칫 한미동맹과 주한미군에 대한 미국의 근본적인 재검토를 초래할 위험성마저 내포하고 있었다.

2001년 3월 8일 김대중 대통령과 부시 대통령 사이의 최초 정상회담에서 시작된 양국 간의 파열음은 2008년 노무현정부가 끝날 때까지 내내 지속되었다. 특히 노무현 정부 기간 중에는 북핵 협상, 대북 경수로 지원, 한반도 평화체제, 한반도 종전선언, 서해북방한계선 NLL, 동북아균형자론, 금강산관광, 개성공단, 남북경협, 주한미군기지 이전, 전시작전권 환수, 주한미군 감축, 전략적 유연성, 작계5029, 아프가니스탄 및 이라크 파병, 미국산 쇠고기 수입문제 등 온갖 현안들을 둘러싼 잡음이 그치지 않았다.

그럼에도 불구하고 주한미군이 대폭 감축되거나 철수되지 않은 것은 아마도 한국전쟁 당시 4만 명 미군병사의 목숨을 희생해 가면서 지켰던 나라에 대한 애착과 그리고 노무현 정부가 지지 세력의 강한 반대에도 불구하고 강행했던 아프가니스탄, 이라크 파병에 대한 감사의 마음 때문이었을 것이다.

과거 1970년대와 1980년대의 역대 한국 정부들은 한반도 유사시 미국이 한국에서 발을 뺄까봐 걱정이 많았다. 그래서 미군 주둔지를 한강 이남 지역으로 이동하려는 주한미군의 오랜 희망에 번번이 제동을 걸었다. 그래서 그들 미군병사들은 한국전쟁 때 임시로 지은 피난민촌 같은 임시막사에서 엉거주춤 60여 년의 세월을 지내야 했다. 한국군을 포함한 다른 어느 나라의 군대도 그런 열악한 환경에서 남의 나라를 지키고자 60년의 세월을 보내지는 않았을 것이다.

그러나 이젠 다르다. 한국의 정치적 민주화와 경제발전, 그리고 한국이 미국과 공유하는 수많은 공통의 가치관으로 인해, 이제는 유사시 미국이 한국을 외면할 가능성은 희박하다. 한국 정부가 미국의 지원을 원치 않는다면 몰라도. 그래서 2018년부터 최전방 미군들이 60여 년 만에 모두 보따리 싸고 멀리 평택으로 이사를 가도 아무도 그 후과를 걱정하지 않았다.

그러나 만일 한국이 미국과 공통의 가치를 공유하기를 그만두고 중국이나 북한을 향해 보따리를 싼다면, 미국은 한국에게 돌아오라고 달래기보다는 태평양 최종방어선을 일본으로 옮기고 미련 없이 한국을 떠나는 길을 택할 것이다. 그 이유는 한국에 대한 미국의 방위공약은 한국이 미국과 동일한 가치와 동일한 안보상의 이해를 공유한다는 전제하에서만 유효하기 때문이다. 또한 한국의 지정학적 위치가 이젠 더 이상 미·소 냉전시대처럼 중요한 것이 아니기 때문이다. 원거리 무기체계의 비약적 발전으로 인해, 선과 선을 연결하던 냉전시대의 방어개념은 이제 사라졌다.

과거 노무현 정부 당시 주한미군을 둘러싼 양국 간 이견이 극에 달했을 때, 미국은 '전략적 유연성'이라는 묘한 시스템을 도입하여 주한미군의 상당부분을 오키나와나 중동 분쟁지역으로 이동 배치하려 했었다. 앞으로의 한미관계와 한중관계 여하에 따라 그런 일은 언제든지 재발할 수 있을 것이다. 향후 한미 안보협력의 향방을 결정할 열쇠는 전적으로 한국 정부와 국민이 쥐고 있다.

한반도에서 동맹국으로서의 미국의 역할에 관해 우리는 편견도 환상도 가져서는 안 된다. 그러한 상반된 주장들은 이제 점차 흘러간 옛 노래가 되고 있다. 미국은 북한이나 반미주의자들이 말하듯이 한반도에서 미국의 국익을 구현하려는 타산적 목적으로 이 땅에 진주한 '점령군'이 아니며, 그렇다고 아무 조건 없이 아가페적 사랑으로 한국의 안보를 지켜주러 강림한 '산타클로스'도 아니다.

미국은 한국민이 진정으로 미국과 뜻을 함께하고 미국의 도움을 원하는 한 한반도에 남을 것이며, 한국민이 그것을 원치 않는다면 미련 없이 한국을 떠나 일본에 최전방 거점을 설치하게 될 것이다.

2

한국은
믿을만한 동맹국인가?

우리는 동맹국으로서의 미국의 신뢰도를 종종 비판하지만 우리 스스로가 미국의 믿을만한 동맹국인지를 생각해 본 적은 거의 없을 것이다. 미국은 우리의 동맹국이므로 당연히 우리를 무조건 도와주어야 한다는 무의식적 생각을 우리 국민들은 뿌리 깊게 갖고 있다. 심지어 미국이 한국의 민주화 등 국내정치 문제에 더 적극 개입하지 않고 독재정치를 방치했다는 이유로 미국을 비난하는 사대주의적 인사들까지 있었다.

수년 전 미국이 일본의 재무장을 지지하는 입장을 취했을 때, 그리고 한일 간의 오랜 과거사 현안에 대해 미국이 우리를 지지하는 모습을 보이지 않았을 때, 우리는 오랜 동맹국인 미국의 태도에 실망감을 느꼈고 미국을 비난하기도 했다. 그러나 왜 그런 일이 생겼는지를 진지하게 성찰해 보지는 않았다. 미국은 동맹국으로서의 한국을 어떻게 생각하는가? 미국에게 있어 한국은 믿을만한 동맹국인가?

국제정치학 이론에 '세력전이론Power Transition Theory'이라는 것이 있다. 기존의 패권국가가 새로운 패권국가에 의해 추월당할 때 고도의 갈등과 무력충돌이 생긴다는 미국 미시건대학 오간스키Organski 교수의 유명한 이론(1958년)이다. 십여 년 전부터 각국의 중국전문가들을 중심으로 미국과 중국 사이의 세력전이가 머지않아 발생하리라는 예측이 제기되고 있다. 현재 중국의 성장속도를 볼 때 10여 년 후 그런 상황이 도래하리라는 예측도 있다.

그런 상황이 도래할 경우 미국은 아시아에서 어떻게 중국의 위협과 패권에 대처할 것인가? 이와 관련한 여러 예측들이 학자들에 의해 제기되고 있는데, 미국-일본-호주-인도 연합에 의한 대응 또는 거기에 베트남을 더하여 5자 간 연합에 의한 중국 견제 가능성이 많이 거론된다. 거기에 한국은 없다. 동맹국으로서의 한국에 대한 신뢰와 기대치가 매우 낮기 때문이다.

헨리 키신저나 앨빈 토플러를 포함한 대다수 미국 학자들은 한국이 통일되거나 중국 패권의 시대가 오면 한국은 중국의 영향권에 귀속될 가능성이 큰 것으로 보고 있다. 중국전문가와 일본전문가 뿐 아니라, 미국과 일본 내의 한국전문가들도 대부분 그러한 전망에 공감하고 있다. 한국이 계속 미국 진영에 남으리라는 예측은 거의 없다.

이것은 대단히 심각한 문제다. 우리 정부는 한중관계를 단순히 한반도 주변 4국과의 관계 중 하나로 쉽게 생각할지 모르나, 한중관계와 한미관계는 별개의 사안이 아니라 상호 제로섬Zero-sum 관계로 엮여있는 단일한 사안이다. 우리 정부가 우방국들과의 관계를 평가함에 있어 북한 문제에 대한 그들의 입장을 우호관계의 척도로 삼듯이, 미국은 미국의 우방국들이 중국에 대해 어떤 태도를 취하느냐를 가장 중요한 지표로 삼고 있으며 앞으로 더욱 더 그렇게 될 것이다.

워싱턴의 외교가와 학계에서는 한국이 이미 중국의 영향권으로 편입되었다는 현재완료형의 '중국경사론'까지 제기되고 있는 실정이다. 이러한 평가는 단순히 그들의 이론적 상상력이 만들어낸 시나리오가 아니라 그간 한국의 외교가 미·중 사이에서 보여 온 행동들이 누적된 결과이다. 중국경사론을 부인하는 한국 정부의 입장에도 불구하고 한국의 실제 행동은 점점 이를 재확인시키는 방향으로 가고 있다.

그 최초의 시작은 2005년 노무현 정부에 의해 제기된 이른바 '동북아 균형자론'이었다. 한국이 미·일·중·러 4강의 이해가 교차하는 동북아에서 균형을 잡겠다는 구상이었는데, 이는 한국이 세계 양대 강대국인 미·중 사이에서 균형자가 되겠다는 의미이기도 했다. 그 황당한 구상의 실현 가능성 여부는 차치하고라도, 한국이 동맹국인 미국과 그 가상적국인 중국을 같은 선상에 놓고 견제와 균형을 도모하겠다는 발상에 대해 미국 정부는 경악했다.

입장을 바꾸어 생각해 보면 왜 미국이 그리도 경악했는지 이해하기가 훨씬 쉬울 것이다. 만일 미국이 동맹국으로서의 의무를 망각하고 남북한 사이에서 공정한 균형자 역할을 하겠다고 나선다면 우리는 침묵할 수 있을 것인가?

1996년 9월 강릉 북한잠수함 침투사건 발생시, 취재기자로부터 갑작스럽게 논평을 요청받은 크리스토퍼 미국 국무장관은 얼떨결에 "모든 당사자가 추가적인 도발행동을 말아주기를 촉구한다."고 남북한 쌍방의 자제를 촉구하는 '중립적' 발언을 했다가 한국 정부로부터 엄청난 항의를 받았다. 본인이 실수를 깨닫고 한국 정부에 즉각 사과를 했음에도 불구하고 그의 실언은 오래도록 한국 정부와 국민들의 불쾌한 기억에서 지워지지 않았다.

한국 정부가 제기했던 동북아 균형자론은 크리스토퍼 국무장관의 발언보다 몇 발짝 더 나간 것이었고, 이는 한미동맹에 대한 당시 노무현 정부의 시각의 일면을 반영하는 것이기도 했다. 미 국방부의 롤리스Richard Lawless 아태담당 부차관보는 2005년 5월 워싱턴 주재 우리 대사를 인사차 방문한 자리에서 그에 대한 미측의 불만을 토로했다. 그는 한국 정부의 동북아 균형자론은 한미동맹과 양립할 수 없는 개념이라고 지적하고, "만일 동맹을 바꾸고 싶다면 언제든지 말하라. 하고 싶은 대로 다 해주겠다."고 말했다. 또한 그는 한국이 원하지 않는다면 무엇 때문에 미군을 주둔시키느냐는 지적이 의회 등에서 나오고 있다면서, 이대로 가다가는 주한미군이 철수해야 하는 상황이 올 수도 있다고 경고했다.[1]

과거 한국 정부들은 신정부가 출범할 때마다 우파건 좌파건 예외 없이 대중국 관계의 '획기적' 발전에 과도하리만치 관심을 기울였고, 인수위원회는 각종 중국전문가들로 북적거렸다. 김대중 정부나 노무현 정부뿐 아니라 이명박 정부도 그랬고 박근혜 정부는 더 그랬다. 한두 해가 지나 중국의 실체와 속성을 제대로 파악하고 나면 관심이 시들해 졌지만, 그 다음 정부가 들어오면 다시 똑같은 과정이 되풀이되곤 했다.

박근혜 정부 당시 한·중 밀월관계는 극에 달했다. 겉으로 보이는 그림

---

1 서울신문, 2005.6.9., '균형자론·한미동맹 양립 불가' 기사 참조.

과는 달리 내용상 아무 실속이 없었음에도 불구하고, 마치 한중 간에 한반도 문제에 관한 엄청난 전략적 제휴라도 이루어진 듯 과대홍보를 한 까닭에 미국의 조야를 크게 자극하고 반감을 초래했다. 그로 인해 미국의 학계는 한국이 이미 중국 쪽으로 보따리를 싸고 떠난 것으로 취급하기도 했고, 한일 과거사 문제나 일본의 재무장 등을 둘러싼 한·미·일 삼각관계에서 미국이 결정적으로 일본 쪽으로 경사되는 부작용이 초래되었다.

그 클라이맥스는 2015년 9월 2일 박근혜 대통령의 「항일전쟁 및 세계 반파시스트 전쟁 승전 70주년 기념 열병식」 참석이었다. 박근혜 대통령이 시진핑 주석, 푸틴 대통령과 나란히 천안문광장에 서서 인민해방군을 열병하는 모습을 본 우리나라 중국애호가들은 감개가 무량했겠지만, 그것을 본 미국, 일본, 유럽의 지도자들과 주한미군 병사들은 무슨 생각을 했을까?

중국공산당의 반파시스트 전쟁 승리를 기념하는 축제에, 서방국가 정상은 아무도 가지 않은 '자기들만의 축제'에 한국 대통령이 굳이 가서 미국의 양대 가상적국 국가원수인 시진핑, 푸틴과 나란히 서서 인민해방군의 승리를 축하해 주어야 했던가? 중국 인민해방군이 누구인가? 그들이 말하는 '반파시스트 전쟁'에서 승리한지 5년 만에 북한군을 도와 대한민국을 침공한 중공군 아닌가?

그렇다고 한중관계에 무슨 대단한 진전이 있었던 것도 아니었고, 박 대통령이 그 참석의 대가로 중국에게서 무슨 대단한 협조를 약속받은 것도 없었다. 결국 중국과의 실속 없고 짧았던 밀월관계는 끝나고 남은 건 사드 제재뿐이었다. 대체 왜 실속도 명분도 없는 허장성세로 동맹국을 분노시키고 대한민국의 정체성을 의심받게 해야만 했던 것일까?

한국이 이미 중국 쪽으로 많이 기울어 있고 통일이 되고나면 중국의 영향권에 귀속하리라는 미국 조야의 일반적 시각은 누구의 모함도 오해도 아니고 우리 스스로 자초한 면이 많다. 그런 까닭에 최근 미국은 범세계적인 미국의 1차적 동맹국을 NATO, 캐나다, 호주, 일본으로 상정하고 있고, 미래에 있어 미국의 확실한 동아시아 최전선은 일본이라 생각하고 있는 것으로 알려지고 있다.

그런 미국이 장차 한국과 일본 중 택일이 불가피한 상황을 맞게 된다면 어느 나라를 선택할 것인지는 자명하다. 또한 그런 미국이 한국 정부와 국민들의 우려에도 불구하고 일본의 재무장을 지지하는 것은 어찌 보면 너무나 당연한 일이다. 미국에게 있어 일본은 변함없는 동맹국이자 영원한 아군이고, 한국은 언제 보따리 싸고 중국 진영으로 떠날지 모르는 나라이기 때문이다.

한중관계 외에도 미국이 동맹국 한국에 대해 의구심을 가질만한 다른 요인들은 적지 않다. **첫째**는 한미 간 대북한 정책상의 이견이다. 한국 집권당의 성향 여하에 따라 북핵문제, 대북제재, 대북경협 등에 관한 이견의 폭이 크고, 북핵 6자회담 등 미·일과 북·중·러 간 힘겨루기에서 한국 정부가 북·중·러 진영에 합류하는 일까지 종종 발생하고 있기 때문이다.

둘째는 한국사회 일각에 존재하는 반미감정의 깊은 골이다. 그간 광우병 파동 등 미국과 관련된 몇 가지 시위사태에서 드러난 바와 같이 반미성향의 국민이 인구의 적지 않은 부분을 차지하고 있는 것이 현실이고,

사안에 따라서는 가끔 정부가 이를 방조하거나 고무하는 일도 없지 않아, 미국인들의 가슴에 잊히지 않는 트라우마로 남아있다.

스트라우브David Straub 전 국무부 한국과장이 2017년 출간한 저서 『반미주의로 보는 한국 현대사』는 한국의 반미주의가 한국을 사랑하는 미국인들에게 얼마나 큰 상처를 남기고 있는지 여실히 보여준다. 비교적 진보적 성향으로 알려진 스트라우브 전 한국과장은 2006년 부시행정부의 강경일변도 한반도 정책에 항거하여 사표를 던진 사람이다.

셋째는 보다 근본적인 문제로서, 한국과 미국 간의 동일한 세계관과 가치관의 결여이다. 미국과 서방세계가 아프가니스탄, 이라크, 보스니아 등에서 대규모 국제전쟁에 개입될 경우, 영국, 캐나다, 호주, 뉴질랜드, 독일, 프랑스, 스페인, 네덜란드, 이탈리아 등 핵심 동맹국들은 물론 이집트나 아랍에미리트 같은 회교국들조차 공동보조의 차원에서 전투부대를 파병하고, 헌법상 제약이 있는 일본은 대규모 자금과 병참을 제공하곤 한다. 국제사회에서 그들은 항상 동일한 가치를 공유하는 하나의 팀으로 움직인다.

그러나 베트남 전쟁 참전을 제외하면, 한국은 그러한 미국 진영의 전쟁에 병력을 파견해 동참하는 데 매우 인색하다. 설사 부득이 파병 하더라도 가장 안전하고 한적한 지역에 비전투병력을 파견하는 데 그치곤 한다. 그래가지고서야 장차 한반도에 전쟁이 재발된다면 세계 어느 나라가 한반도의 격전지에 전투부대를 파견할 것인가?

한미동맹은 상호적인 것이다. 미국이 한국에 대해 군사지원을 하는 만큼 한국도 상호주의에 따라 미국을 지원하는 것이 동맹국으로서의 마땅한 의무다. 만일 태평양 지역의 미국 영토가 공격을 받았을 경우, 예컨대 하와이나 괌이 중국 해군이나 북한 미사일의 공격을 받았을 경우, 아마도 일본은 미일 안보조약에 따라 즉각 동맹국으로서 조약상의 의무를 이행할 것이다.

그런 상황이 발생하면 한국은 한미상호방위조약 제3조에 따라 미국에 군사적 지원을 제공할 의사를 갖고 있는가? 한국이 북한의 침략을 받을 때 미국의 군사지원을 기대하는 것과 동일한 차원에서 미국에게 상호주의적 지원을 제공할 마음의 준비가 되어 있는가?

한미상호방위조약 제3조 : 각 당사국은 …. 타당사국에 대한 태평양지역에 있어서의 무력공격을 자국의 평화와 안전을 위태롭게 하는 것이라 인정하고 공통한 위험에 대처하기 위하여 각자의 헌법상의 수속에 따라 행동할 것을 선언한다.

비단 군사적 문제 뿐 아니라 외교적 사안에 있어서도 한국은 종종 미국 및 그 동맹국들과 행동의 궤를 달리하곤 한다. 한국은 미국이 중동문제에 매몰되어 북핵 문제에 대한 관심이 부족하다고 불만이지만, 그러면서도 미국과 NATO 동맹국들이 중동에서 직면하고 있는 절체절명의 투쟁에 대해서는 별 관심이 없고, 테러의 대상이 될 것을 우려해 외교적지지 표명조차 망설이기 일쑤다. 또한 ASEAN 우방국들과 미국의 초미의 관심사인 남중국해 문제나 한·미·일 3자 안보협력 문제에 대해서도 한국은 입장이 모호하고 미온적이다.

물론 우리가 국제문제에서 어떤 입장을 취하든 그건 우리의 자유이고 주권적 선택이다. 예컨대, 한국이 미국과 중국, 아세안과 중국 사이에서 남중국해 문제에 대해 모호한 입장을 취하는 건 주권국가로서의 권리다. 그러나 그 경우 우리도 다른 나라들이 한반도 문제에서 모호한 태도를 취하고 무관심하게 되는 것을 감내해야 한다. 북한의 핵 개발과 대남 군사도발에 대해 국제사회가 중국이나 북한의 눈치 안 보고 이를 규탄하고 제재에 동참해 주기를 기대하지 말아야 한다.

국제사회의 논리는 인간사회의 논리와 마찬가지로 간단하다. 함께 생각하고 그 결과를 함께 공유하고 함께 가야 한다. 남이 우리 문제에 관심을 갖기를 원한다면 우리도 남의 문제에 관심을 가져야 한다. 또한 다소 불편하고 손해를 보더라도 대의와 대세를 친구들과 함께 따라가야 한다. 만일 혼자만 생각이 다르고 계산이 복잡하여 친구와 적 사이를 넘나들며 따로 행동하게 되면 고립되고 '패싱' 당한다. 서양 속담에도 있듯이, 모든 사람의 친구는 아무의 친구도 아니다.

3

동맹의 미래를 위한
과제

　한국과 미국은 구한말에 한일합방으로 헤어진 이래 해방 직후 미군정과 한국전쟁을 통해 다시 만났고, 1953년 동맹조약을 체결했다. 한국전쟁 기간 중 최대 48만 명의 미군이 한국에 주둔했다가 현재는 2만 8천명으로 감축되었다. 이는 일본(5.2만), 독일(3.8만)에 이어 세 번째로 큰 해외 미군병력이다.

　미국은 2017년 현재 세계 59개국 미군기지에 약 15만 명의 병력을 주둔시키고 있는데, 그 중 절반이 넘는 8만 명이 한국과 일본에 주둔하고 있다. 5만 2천 명의 주일미군은 한국, 대만을 포함한 동북아 전역을 관할하는 지역방어 병력으로서, 그 일차적 임무는 한반도 유사시 주한미군을 지원하는 것이다. 따라서 해외미군 총병력의 절반 이상이 사실상 한반도 방어를 위해 주둔하고 있는 셈이다.

　한미동맹은 그간 주로 정치적, 외교적, 군사적 차원에서 한반도와 동북아의 평화와 안정을 지키는 현상유지 기능을 수행해 왔고, 과거 한국군이 한미 상호방위조약에 의거 베트남에 파병된 것 외에는 대체로 한국이 일방적으로 미국의 방위지원을 받는 수혜자의 형태로 운영되어 왔다. 이러한 양국의 특수관계는 2012년 경제동맹이라 불리는 한미 자유무역협정FTA 발효에 따라 경제 영역으로 외연이 확장되었다.

그러나 그럼에도 불구하고 한미동맹은 캐나다, 영국, 호주 등 미국의 핵심동맹국들과 미국 간의 전방위적 협력관계의 수준에는 크게 못 미치는 것이 사실이다. 이들이 한솥밥 먹는 식구들처럼 동일한 가치관과 동료의식을 토대로 다양한 국제문제들에 대한 인식과 정책을 공유하고 항상 정치적, 군사적 행동을 함께하고 있는 데 비해, 한미동맹은 대체로 미국이 한국에 일방적으로 군사적 지원을 제공하는 형태에서 크게 벗어나지 못하고 있고, 국내정치의 향배에 따라 우리가 추구하는 가치가 그들과 상이하거나 때로는 상반될 때도 적지 않았다.

'한국은 너무 자신의 문제에만 매몰되어 동맹국인 미국의 지원만 기대할 뿐, 미국의 범세계적 평화유지 활동에 관심을 갖고 기여하려는 동맹의식이 별로 없다'는 인식이 미국 학계를 중심으로 확산되고 있는 것이 어제오늘의 일은 아니다. 과거 우리가 개발도상국이었을 때는 미국의 일방적 지원을 받는 것만으로 통했을지 모르나, 이제 세계 10위권 경제대국으로 성장한 한국이 선진 국제사회의 진정한 일원으로 어깨를 나란히 하기 위해서는 그런 후진국적인 사고에서 벗어날 필요가 있다.

우리가 국제사회에서 경제력에 상응하는 정치적 영향력을 발휘하고 한반도 유사시 미국과 그 동맹국들의 강력한 지원을 받기 위해서는, 한반도 차원의 군사협력에 치중된 한미동맹의 외연을 대폭 확대하여 세계의 선진 민주주의 국가들과 더불어 자유민주주의, 인권, 시장경제와 같은 가치관을 공유하고 공동의 가치를 위해 함께 행동하는 '글로벌 가치동맹'으로 발전시켜 나가는 것이 필요하다.

그러지 않고 한반도의 안보 유지와 남북관계 개선이라는 자기만의 명제에 매몰되어 울타리 속에서 홀로 살기를 선택한다면, 그리고 남들이 모두 함께 행동에 나설 때 이 눈치 저 눈치 보느라 홀로 구경꾼이 되기를 선택한다면, 언젠가 우리 자신에게 위기가 닥쳤을 때 남들도 구경꾼이 되기를 망설이지 않을 것이다.

1997년 동아시아 경제위기 당시, 미국과 일본이 오만한 한국에 대한 거부감 때문에 한국 경제의 파산을 의도적으로 방치해 국제금융기구IMF의 구제금융을 받게 했다는 설은 이미 널리 알려져 있다.

한국의 김영삼 정부는 경제발전에 더하여 민주화까지 이룩한 데 대한 자부심이 지나쳐 대외관계가 몹시 매끄럽지 못했다. 과거사 문제로 일본과, 북한 핵문제로 미국과 도처에서 충돌을 빚었다. 그래서 한국이 위기에 처했을 때 누구도 발 벗고 나서줄 나라가 없었다. 그 당시 한국 정부가 노태우 정부나 김대중 정부였다면 아마도 그들이 한국의 파산을 그리 냉정하게 방치하지는 못했을 것이다.

우리나라는 1990년대에 들어와 피원조국에서 원조국으로 탈바꿈하여, 예산상의 제약에도 불구하고 대외원조의 급속한 확대에 많은 노력을 기울였다. 그 과정에서 한국의 외교 당국은 많은 국내적 저항에 부딪혔다. 국민이 낸 세금을 왜 다른 나라에게 퍼주느냐는 국내적 비판과 몰이해가 가장 큰 어려움이었다. 그러나 우리는 그 난관들을 극복하고 세계의 가장 의미 있는 원조국 중 하나로 우뚝 서 있다.

그와 같은 변신을 이제 안보 분야에서도 이루어가야 한다. 한국전쟁 당시 16개국의 전투부대 파견과 5만 8천 명의 유엔군 전사자, 그리고 여타 45개국의 비군사적 지원을 통해 나라를 지켰고, 그 후로도 60여 년간 주한미군 병사들을 위험한 최전방에 묶어두고 국가안보를 지켜온 한국이다. 우리가 경제적 피원조국에서 원조국으로 탈바꿈 했듯이, 이제는 안보문제에 있어서도 원조국이자 기여국으로 능동적인 탈바꿈을 해야 할 때가 된 것으로 보인다.

그간 우리는 우리 자신의 안보에만 관심을 두었고 국제사회가 우리 안보에 깊은 관심을 갖고 도와주기를 원했으나, 남의 안보문제에는 무관심했고 관여하기를 꺼렸다. 우리의 안보를 위해 수만 명의 미군을 무려 60년간 한반도에 붙들어두고 있음에도 불구하고, 그 미군이 이라크, 아프가니스탄, 보스니아 참전을 하면서 병력과 예산 부족으로 고통 받는 데 대해서는 무관심했고, 미국이 자금난 해결을 위해 제시한 방위비 분담금 증액, 주한미군 감축, 전략적 유연성 도입 등 모든 대안에 대해 반대로 일관했다.

불가피한 외교적 고려로 이라크, 아프가니스탄에 파병할 때에도, 국회와 언론에서 반대가 빗발쳤고, 다른 나라 병사들이 최전선에서 매일 죽어나가는 격전 속에서도 우리는 가장 안전하고 안락한 지역에 공병대나 의무부대 정도 파견해 참전국 리스트에 이름이나 올리고 돌아오곤 했다.

2002년부터 5년간 아프가니스탄에 파병되었던 한국군 의료지원단 동의부대와 건설공병대 다산부대는 아프가니스탄에서 상대적으로 가장 안전한 지역 중 하나인 바그람 미 공군기지 내에 주둔했다. 전투부대가 아니니 전투는 물론 없었다.

2003년부터 5년간 엄청난 예산을 들여 이라크에 파병했던 3천 명의 한국군 자이툰 부대는 전투지역인 키르쿠크에 주둔해 달라는 미국의 요청을 거부하고 총성 한발 없이 한가로운 쿠르드족 자치주 수도 아르빌에 주둔했다. 그곳에서 이라크 재건사업을 한다는 명분이었지만, 그곳은 전쟁이 전혀 없는 지역이라 딱히 재건할 것도 없었다. 그 전쟁에서 미군 4천5백 명을 포함한 약 4천8백 명의 외국군이 전사하는 동안 우리 군인들은 총 한방 안 쏘고 아르빌을 사수했다.

이런 나라에 전쟁이 나면 다른 나라들이 어떤 반응을 보일까? 제일 한가로운 제주도에 공병부대나 파견해 거기서 재건사업을 하다 떠나겠다고 하면 어쩔 것인가? 우리나라 일부 식자들과 언론사들이 이라크 전쟁을 '명분 없는 전쟁'으로 규정하고 참전에 반대했듯이, 다른 나라들이 한국전쟁을 명분 없는 전쟁이라 정의하고 불구경만 하려하면 어쩔 것인가?

한국이 미국을 포함한 선진 민주주의 진영의 신뢰를 얻어 그들과 더욱 밀착된 협력관계를 맺는 방법은 간단하다. 단 1개 소대라도 제대로 된 전투부대를 파병하여 그들과 함께 싸우게 하면 된다. 서구식 사고방식에서 볼 때, 일본처럼 거액의 군자금을 대는 것보다는 단 1개 소대라도 전투부대를 파견하는 것이 훨씬 값진 지원으로 간주되기 때문이다.

우리도 마찬가지다. 우리는 한국전쟁 때 전투부대를 파병한 16개국의 이름을 아직도 생생히 기억하고 있다. 파병한 병력의 숫자와 관계없이 그들은 지금도 우리의 핵심 우방국으로 간주되며, 우리의 해외공관들은 그들 참전군인 하나하나의 건강과 경조사까지 챙겨주곤 한다. 그러나 한국전쟁 때 비군사적 지원을 제공한 45개국의 국명을 기억하는 사람은 아무도 없다.

2009년 이명박 정부 당시, 미국은 아프가니스탄 다국적군ISAF의 부족한 병력 때문에 큰 고민에 빠져 여러 동맹국들에게 간절히 지원을 요청했으나 이상하게도 한국 정부에 대해서는 아무 말이 없었다. 대단히 불길한 징조가 느껴졌다. 당시 외교부 차관보로서 아프가니스탄 문제를 총괄하던 필자는 미국의 행동이 너무 이상하다 싶어, 워싱턴으로 날아가 오랜 친분이 있던 백악관 고위당국자를 만났다. 그에게 오프더레코드를 전제로 불문곡직 미국이 한국에게서 원하는 것이 대체 무엇인지 솔직히 말해보라고 했다.

그는 한마디로 잘라 말했다. "우리가 필요로 하는 건 목숨 걸고 싸울 군인들We need soldiers who are ready to die."이라고. 그 말의 뜻은 '한국 군인들은 위험한 전투지역에는 안 가려 하니 필요 없다'는 얘기였다. 그 말을 듣고 한국 사람인 것이 정말 부끄러워 얼굴을 들 수가 없었다.

우리가 아프가니스탄에 소규모 의료부대와 공병부대를 몇 년간 파견했다가 2007년 서둘러 철수한 이후에도, 그 전쟁에는 세계 문명국가의 대부분인 50개국이 참전하고 있었다. 심지어 스위스, 노르웨이, 싱가폴, 말레이시아 같은 중립적 성향의 나라들도 참전국에 이름을 올리고 있었고, 미국과 앙숙관계인 이란까지도 의료지원팀을 파견하고 있었다.

아랍에미리트UAE 같은 나라는 이슬람 국가임에도 불구하고 약 500명 규모의 전투부대를 최전방 격전지에 파병하고 있었다. 거기서 빠진 지구상의 주요 국가는 중국, 러시아, 한국, 일본 정도가 고작이었다.

그 후 우리 정부는 내부적으로 많은 고민을 거듭한 끝에, 미국의 요청도 압력도 없는 상황에서 스스로 특전사 병력 300명과 민간인 300명으로 구성된 아프가니스탄 지방재건팀PRT을 2010년 파견키로 결정했다. 선진 민주사회의 일원으로서 정치적, 도의적 의무를 다하기 위해서였다.

당시 차관보 겸 아프간문제 특별대표였던 필자가 미국 백악관과 국방부, 국무부 고위층을 만나 그러한 결정을 처음 통보했을 때, 그들의 반응은 충격에 가까운 놀라움과 기쁨과 감사 그 자체였다. 그들은 아마도 겁 많은 한국 정부가 기껏해야 군자금이나 몇 억 달러 낼 것으로 기대하고 있었을 것이다. 그 후 우리 군이 아프가니스탄에 주둔한 4년간 한미관계는 전례 없는 최상의 밀월관계를 누렸고, 무슨 일이든 거의 교섭이 필요 없을 정도였다.

우리의 아프가니스탄 지방재건팀 파견은 유럽 국가들과의 관계에도 직효가 있었다. 당시 아프가니스탄 전국의 지방재건팀은 모두 NATO의

2010년 11월 15일 NATO/ISAF 자료

관할 하에 있었다. 우리 정부가 아프가니스탄의 경기도에 해당하는 요충지인 파르완주에 전투부대가 포함된 지방재건팀을 파견한다는 결정을 브뤼셀의 NATO 본부에 통보하자, NATO는 아프가니스탄과 관련된 모든 온라인 정보망을 즉각 우리에게 열어 주었고, 아프가니스탄문제에 관한 한 한국을 NATO 회원국과 동일하게 대우했다.

한편, 아프가니스탄 파병문제에 대한 정치권 일각의 예민하고 부정적인 반응과는 달리 한국 국민들은 의외로 용감했다. 장교들이야 해외원정 다녀오면 승진이 보장되니 파병부대 지망률이 매번 10대1에 이른다지만, 2010년 파병 때는 사병들도 경쟁률이 거의 10대1에 달하는 문전성시였고, 파병단에 지망한 사병 아들의 '합격'을 위해 로비를 하려는 아버지들까지 있었다.

그걸 보고 한국은 아직 희망이 많은 나라라는 생각이 들었다. 저렇게 많은 군인들이 아프가니스탄에 가고 싶어 하는데, 왜 우리 정치인들은 그리도 파병을 두려워하나 하는 생각이 들었다.

4

한국의 방위비분담,
정말 과도한가?

2018년 말 현재 지구상에서 1만 명 이상의 미군이 주둔하고 있는 나라는 일본(5.2만), 독일(3.8만), 한국(2.8만), 아프가니스탄(1.4만), 이탈리아(1.2만) 등 5개국뿐이다. 이 중 일본, 독일, 이탈리아 주둔 미군은 동아시아와 유럽 전체를 방어하기 위한 지역거점 성격이며, 미국이 어느 특정 국가의 방어를 위해 1만 명 이상의 대규모 병력을 주둔시키고 있는 나라는 한국과 아프가니스탄 두 나라뿐이다. 그러나 아프가니스탄 주둔 미군은 트럼프 대통령의 지시에 따라 곧 절반 수준으로 감축될 것으로 알려졌으니, 결국 한국 한 나라만 남게 될 전망이다.

미군이 해외에 주둔할 경우, 그에 따른 현지 소요경비 문제가 발생하는데 이를 파견국과 접수국이 분담하는 것을 방위비분담이라 한다. 군인들의 봉급, 주거비, 훈련비 등 병력운용비와 무기, 장비의 구입 및 유지비 일체는 물론 100% 미국 측 부담이고, 해외주둔에 따라 추가로 발생하는 현지경비local cost만이 분담 대상이다.

현지경비에는 주로 기지 건설비, 현지근로자 인건비, 공공요금 등이 포함된다. 사실 '방위비분담'이라는 거창한 용어보다는 '현지경비 분담'이라는 용어가 사실과 더 가까워 보인다. 방위비분담이라는 용어는 마치 병력유지비와 무기비용까지 모두 분담하는 듯한 오해를 줄 수 있기 때문이다.

미군이 1만 명이상 주둔하는 상기 5개국의 경우, 주둔비 분담 방식은 모두 다르다. 먼저 독일과 이탈리아의 경우, NATO의 일반적 상호주의 원칙이 적용된다. NATO 회원국 누구든 다른 NATO 회원국에 군대를 주둔시키고자 할 때, 토지는 일반적으로 접수국 정부가 무상 제공하나 기지 건설비를 포함한 모든 운영비용은 파견국이 부담하는 방식이 동등하게 적용된다. 유럽 주둔 미군 뿐 아니라 미국에 주둔 중인 독일과 프랑스 군대에도 동일한 원칙이 적용된다.

그럼에도 불구하고, 독일은 주독 미군의 일부 주둔비용을 자발적으로 제공하고 있고, 이탈리아도 자국에 산재된 100여 개의 미군부대를 위한 건물을 무상으로 제공하고 있다. 이탈리아의 경우는 국내경제 활성화 차원에서 매우 적극적으로 미군부대를 유치하고 있어, 많은 미군기지가 독일에서 이탈리아로 옮겨가고 있다.

외국군 부대 주둔에 관한 NATO 규정은 대단히 자본주의적이고 합리적이다. 예컨대, 독일 정부가 주독 미군에게 토지를 무상 제공할 경우, 기지 건설과 운용을 위한 토지정비, 도로, 상하수도, 건물, 주택, 위락시설 건설 등 경비는 모두 미국 부담이다.

그러나 그 미군부대가 철수 또는 이동하기 위해 토지를 반납할 경우,

그간의 각종 개발 및 건설에 따른 토지와 건물의 자산 가치 상승분을 독일 정부가 미국에 현금으로 지불해야 한다. 단, 여기서 물가상승률과 환경오염 치유비가 차감된다. 독일 군대가 미국, 스페인, 그리스에 주둔할 때도 마찬가지다. 가히 자본주의 국가들 간의 규정답게 철저히 자본주의적이다.

만일 이러한 원칙이 주한미군에게도 적용된다고 가정한다면, 한국 정부는 용산기지 반환의 대가로 지난 60여 년에 걸친 용산기지 토지 전체의 천문학적 가격 상승분을 미국 정부에 현금으로 지불해야 한다. 물론 인플레율이 차감되고 미군에 의한 토양오염 치유비용을 제외해야겠지만, 그 규모는 전체 토지가격에 비해 비교도 안 되게 작을 것이다. 또한 그 돈으로 미국은 평택 미군기지의 토지매입과 건설비를 충분히 충당하고도 남을 것이다.

주일미군의 경우, 성격상 주독 미군과 마찬가지로 일본의 방어보다는 한국, 대만을 포함한 동아시아 전체의 지역방어를 위한 군대이고, 또한 기본적으로 미국의 필요에 따라 주둔하는 군대이다. 그럼에도 불구하고, 방위비분담이라는 개념이 아예 없고 주일미군의 모든 기지 건설비용과 일본인 근로자 인건비는 물론 전기, 수도, 가스 등 공공요금까지 일체 일본 정부가 부담하고 있다.

물론 기지 건설비 및 인건비 등의 경우 미군이 요구한다고 무조건 다 지원하는 건 아니고 건별로 심사하여 합당성 여하를 결정한다. 주일미군의 공무수행과 직결되지 않은 위락시설, 영리시설 등의 건설은 일본이 지원을 거부할 수 있고, 그 경우 미국 예산으로 건설된다.

1997년 체결된 「미일 신 방위협력지침」에 따르면, 일본은 한반도 유사시 미군에게 일본 민간공항과 항만의 사용을 허용하고 미군에 대한 물자 보급 및 수송 등을 지원하도록 되어 있다. 일본에 주둔하는 5만 2천 명의 미군 병력도 그 가장 중요한 임무는 한반도 유사시 주한미군을 지원하여 한국을 방위하는 것이다. 또한 도쿄에 설치된 주일 유엔군사령부는 한반도 전쟁 시 주한 유엔군사령부를 후방지원 하는 것이 그 유일한 임무다.

만일 일본이나 대만의 방위를 임무로 하는 미군부대가 한국 영토 내에 주둔하고 있다면 우리는 어떤 반응을 보였을까? 방위비분담은커녕 토지임차료까지 내라는 요구가 제기되지 않았을까?

필자가 과거 2002년 주한미군 참모장과의 SOFA 개선협상 수석대표를 맡고 있던 시절, 일본의 방위비분담 현황 시찰을 위해 오키나와 주도 나하를 방문한 적이 있었다. 그때 공항인근 지역에 지평선 너머로 끝없이 펼쳐진 광활한 평야가 녹슨 철조망으로 둘러싸인 채 방치되어 있는 광경이 꽤 인상적이었다. 2천만㎡가 넘는 땅이라고 했다. 일본 정부 안내원에게 그 넓은 땅을 왜 놀리는지 물었더니, 그 땅은 한국에 전쟁이 나면 미국에서 공수되어 올 증원군의 1차 집결지로 사용될 땅이라고 했다. 갑자기 마음이 숙연해짐을 느꼈다. 한국에도 그런 땅이 없는데 웬 일본에.

당시 필자가 나하를 방문한 이유는 두 가지였다. 첫 번째 이유는, 한국에서는 주한미군 기지공사를 위한 업체선정을 항상 미군 측이 하는데 일본에서는 일본 정부가 공사업체를 선정하고 있어, 이를 주한미군 측에 요구하고자 그 비결을 배우기 위해서였다. 두 번째 이유는 한국에서는 주한미군 기지에 대해 산업시설에 준하는 저가의 전기요금을 부과하고 있어 시민단체들로부터 항의가 많았는데, 일본은 어찌하고 있는지를 파악하기 위해서였다.

그러나 그 두 가지 미션은 모두 실패였다. 일본은 미군으로부터 기지 건설 요청이 있을 경우 일본정부가 경비를 100% 부담해 설계 및 건설 후 미군 측에 전달하는 턴키베이스 방식을 쓰고 있어, 우리에게 아무 참고가 되지 않았다. 전기요금의 경우, 어떤 요금을 부과하는지 문의하자, 일본 정부 관계자는 미군에게 왜 전기료를 받느냐고 갸우뚱 하면서 주일미군의 전기료는 100% 일본정부가 부담하고 있다고 했다.

주한미군의 경우, 방위비분담 협정을 통해 현지비용의 약 50%를 한국 정부가 부담하고 있고, 이는 2016년 기준으로 9,441억 원(약 8.5억 달러)에 달한다. 그 내역은 부대 내의 각종 군사시설 건설에 사용되는 군사건설비(45%), 미군부대에 근무하는 한국인 근로자 인건비(38%), 탄약저장, 항공기정비, 물자수송 등 군수지원비(17%) 등으로 구성되어 있다. 따라서

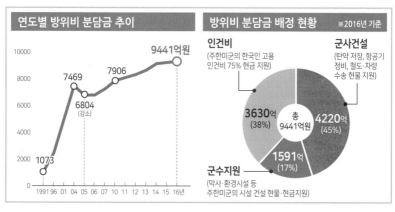

한국의 방위비분담 현황(2016.11.10 한겨레신문)

방위비분담금의 최종 수혜자는 대부분 한국인과 한국기업들이다. 전기, 수도 등 공공요금도 모두 미군 측이 부담하고 있다.

이에 비해 미국 정부가 2.8만 명의 주한미군을 유지하기 위해 지출하는 연간 예산은 2018년 기준 약 35억 달러로서, 한국 정부 방위비분담금의 약 4배에 달한다. 여기에는 주한미군 및 군속의 인건비, 무기 및 장비 구입비, 훈련비용 등이 포함되는데, 이것들은 방위비분담의 대상이 아니고 미국 정부가 100% 부담하고 있다.

미측은 주한미군이 오직 한국의 방어를 위해 한국 정부 요청에 따라 주둔하는 것이므로 한국 정부가 응당 경제력에 걸맞게 주한미군 현지비용의 대부분을 부담해야 한다는 주장을 이미 오래전부터 제기해 왔다. 만일 그것이 어렵다면, 주한미군을 감축하여 미국 국방예산이 허용하는 만큼만 주둔하겠다는 것이다. 트럼프 대통령은 한국이 주한미군 현지비용을 100% 부담해야 한다는 입장을 공개적으로 천명한 바 있다.

미국과의 방위비분담 협상이 개최될 때마다 한국 정부는 진통을 겪는다. 방위비분담액이 늘어나면 보수, 진보 가릴 것 없이 정치권과 언론과 시민단체에서 정부에 대한 비판이 들끓고 반미감정의 원인이 되기도 한다.

많은 사람들이 방위비분담금을 조금이라도 적게 내는 것이 애국이고 그것을 지키지 못한 정부는 비난받아 마땅하다는 편협한 '애국심'에 만족하고 있다. 이 나라를 지키러 와 있는 주한미군의 방위비분담금을 수백억 원 인상할 때는 나라가 온통 시끄럽고, 이 나라의 '적enemy'이라는 북한에게 수천억 원 경제지원을 제공할 때는 정치권도 언론도 조용하기 그지없다. 우리의 진정한 정체성은 과연 무엇인가?

주한미군은 점령군이 아니다. 우리의 필요에 따라 우리 스스로가 요청해 60년간 이 땅에 머무르고 있는 외국군이다. 구한말 이 땅에 주둔했던 일본군이나 청국군과는 성격이 다르다. 더욱이 미국 정부는 지난 수십 년간 주한미군 규모를 대폭 감축하고 해·공군 위주로 재편성 하고자 수차 노력했으나, 한국 정부의 반대로 번번이 뜻을 이루지 못했다.

그럼에도 불구하고, 주한미군 주둔 경비 중 대부분 한국인과 한국기업의 주머니로 들어가게 될 현지경비만을 대상으로 하는 방위비분담에 대해 우리는 왜 그토록 인색한 것일까? 이는 마치 집에 찾아온 오랜 친구를 오래 머무르도록 강권하면서 식비와 전기요금을 한 푼이라도 더 받아내려 신경전을 벌이는 것과도 같다.

주한미군의 주둔 이유와 기능에 비추어 볼 때, 한국의 방위비분담은 다른 어느 나라보다 비중이 커야 정상일 것이나, 실제로는 그렇지 않다. 2013년 국회 예산정책처 연구용역보고서에 따르면, 미군 주둔규모가 가장 큰 한국, 일본, 독일 세 나라를 비교할 때 일본 38.2억 달러, 한국 7.8억 달러, 독일 5.2억 달러로 일본이 압도적으로 많았고, 국방예산 대비 분담금 비율도 일본 6.4%, 한국 2.7%, 독일 1.3%로 일본이 월등히 많았다. GDP 대비 분담금 비율은 한국 0.068%, 일본 0.064%로 한국이 일본보다 0.004% 포인트 높은 정도였다.[2]

미국 측 통계는 한국에 더욱 불리하다. 2017년 1월 15일자 뉴욕타임스 분석기사에 따르면, 일본은 주일미군 현지비용의 75%인 44억 달러를 부담하는 반면, 한국은 주한미군 현지비용의 40%인 8.43억 달러를 부담하는 것으로 보도되었다.

2 연합뉴스, 2016.5.16., '주한미군 방위비분담금 9,320억' 기사 참조.

이 통계상으로는 어느 면으로 보아도 한국의 방위비분담이 일본보다 많다고 볼 근거는 없다. 금액상으로나 국방예산 대비 분담금 비율상으로나 일본의 부담이 훨씬 크다. 게다가 주일미군은 일본을 지키기 위한 군대가 아닌 지역방위군이지만 주한미군은 한국을 지키는 것이 유일한 목적인 군대다.

일본은 제2차 세계대전 패전국이고 미국의 피점령국이었으므로 분담금을 많이 내는 것이 불가피했을 것이라는 주장이 널리 퍼져 있으나, 이는 사실무근이다. 일본이 군사건설 등 일부 제한적 분야에서 방위비분담을 처음 시작한 건 일본의 경제력과 국제적 위상이 고도로 신장된 1970년대 중반이었고, 공공요금은 1991년부터, 일본인 근로자 인건비는 1996년부터 지원하기 시작했다. 한국의 방위비분담이 일본보다 훨씬 늦은 1991년에 시작된 것은 단지 한국의 경제력이 일본보다 그만큼 뒤져 있기 때문이었다.

주한미군의 임무가 북한의 대남침공 저지만이 아닌 지역안정군의 성격을 동시에 띠고 있으므로 방위비분담금을 줄여야 한다고 주장하는 사람들도 있다. 그러나 그 역시 사실이 아니다. 미군은 한국전쟁 당시부터 북한군과 중국군으로부터 한국을 방어하기 위해 주둔을 시작했고, 그 역할은 지금도 변함이 없다. 그리고 그 두 나라 외에 한국의 국가안보를 침해할만한 나라는 현실적으로 존재하지 않는다.

해외주둔 미군에 적용되는 전략적 유연성 때문에 주한미군의 역할이 한반도 밖으로 확장되었으므로 방위비분담금을 줄여야 한다는 주장도 있다. 그러나 이 역시 근거 없는 주장이다. 미국이 전략적 유연성에 따라 주한미군 병력의 일부를 아시아나 중동의 다른 지역으로 이동 배치할 경우, 그들은 차출과 동시에 이미 주한미군이 아니며 주이라크 미군이나 주아프가니스탄 미군이 되는 것이다. 따라서 그들은 더 이상 한국의 방위비분담과는 무관한 병력이고, 새 주둔지에서 현지 정부의 방위비분담 지원을 받게 되는 것이다.

예컨대, 만일의 경우 일부 주한미군 병력이 대만과 중국 간 사태에 투입되더라도, 거기에 투입될 미군은 한국에서 작전을 수행하는 것이 아니라, 일단 오키나와 소재 주일미군으로 편입된 후 재편성되어 작전을 수행한다. 따라서 그들은 이미 주한미군이 아니며, 그들을 위한 시설건설 등 제반 지원은 당연히 일본 정부가 부담하게 된다. 이는 주한 미 공군의 경우도 마찬가지다. 전폭기의 짧은 작전반경 때문에 일단 주일미군으로 전속되어 재편성과 재급유를 한 이후에나 작전투입이 가능하다.

일본이 1970년대부터 시작한 방위비분담을 한국은 1991년에야 시작했고, 일본은 1996년부터 주일미군 현지비용 전액을 일본 정부의 심사과정을 거쳐 지불해 온 반면, 한국은 현재 약 50%를 부담하고 있다. 이제 한국과 일본 간 경제력 격차가 축소되는 추세에 비추어 볼 때, 언젠가는 우리도 방위비분담을 일본방식으로 전환하는 것이 국가 위상과 국민적 자부심에 보다 합치되는 것이 아닐까?

5

이념으로 오염된
전시작전권 문제

1992년 10월 퇴임을 불과 4개월 남겨둔 노태우 대통령은 미국 정부에 대해 기분이 몹시 언짢았다. 자신의 임기 중 한국군의 평시작전권(공식 명칭은 「평시작전통제권」)을 환수하겠다는 의사를 이미 공개적으로 천명했고 국방장관에게도 단단히 지시를 했는데, 그 합의를 위한 마지막 기회인 제24차 한미 연례안보협의회SCM가 열흘밖에 안 남은 시점까지 미국 정부에서는 도무지 반응이 없었다.

노태우 대통령은 김종휘 외교안보수석을 불러 엄중 지시를 했다. "이번 SCM 회의에서 꼭 평시작전권 반환 합의를 해야 한다. 만일 미국이 평시작전권 반환에 동의하지 않는다면, 이승만 대통령이 1950년 작전권을 미국에 이양한 것과 동일한 방식으로 이를 회수하자"는 지침이었다. 그것은 미국이 동의하지 않으면 평시작전권을 일방적으로 회수하자는 의미였다.

당시 청와대 외교안보수석실 행정관이었던 필자는 그 최후통첩을 주한 미국대사관 경유 미 정부 고위층에 전달하라는 지시를 김종휘 수석으로부터 받아, 이를 긴급 전달했다. 양국 국방부 간 공식채널을 통해 전달하기에는 너무 시간이 촉박했기 때문이다. 그에 대한 백악관 상층부의 회답은 불과 이틀 만에 왔다. '미국은 한국 정부가 평시작전권 반환을 그리도 절실히 원하고 있는지 전혀 몰랐고, 일주일 후 SCM에서 평시작전권의 반환에 동의하는 데 아무 문제가 없다'는 메시지였다. 이에 따라 그해 10월초 SCM에서 양국 국방장관 간에 반환 합의가 이루어졌고, 1년여의 보완조치를 거쳐 1994년 평시작전권이 한국의 품으로 돌아왔다.

그로부터 14년이 지난 후 노무현 정부의 전시작전권(공식 명칭은 「전시작전통제권」) 환수 의지에 따라 2006년 한미 정상회담에서 원칙적인 합의가 이루어졌다. 문제는 반환의 시기였다. 미국은 이를 1~2년 내로 즉각 반환하고자 했고, 노무현 정부는 6년간 충분한 준비를 갖춘 후 2012년에 인수하겠다는 입장이었다.

미국은 한국 정부가 원할 경우 전시작전권을 당장이라도 반환하는 데 아무 문제가 없다는 입장이었다. 그러나 한국 정부는 작전권 환수시기를 자꾸 늦추어 잡으려 했고, 미국 정부는 한국 정부가 전시작전권 환수 문제를 국내정치적으로 이용만 하고 실제 환수는 다음 정권으로 떠넘기려 하는 것을 대단히 불쾌하게 여겼다.

양국 간의 길고 험악한 줄다리기가 계속되고 난 후 전시작전권 환수 시기가 2012년으로 합의되었으나, 이는 이후의 모든 정권들에게 뜨거운 감자가 되어버렸다. 2008년 출범한 이명박 정부는 이를 차기정권 기간인 2015년으로 연기했고, 2013년 집권한 박근혜 정부는 이를 다시 2020년대 중반 이후로 사실상 무기연기 해버렸다. 요컨대 전시작전권 전환에 찬성하건 반대하건, 한국의 모든 정부들은 환수시기를 차기정부로 떠넘기는 데 급급했고, 어느 정부도 이를 실제로 넘겨받아 운영할 의지는 없었다.

이제 문재인 정부 출범 후 전시작전권 환수 문제가 다시 사람들의 관심에 오르내리고 있다. 찬반 논리도 예전과 똑같다. 찬성논리는 한국이 자주적 주권국가로서 전시작전권을 보유하는 것이 당연하다는 논리다. 반대논리는 한국군이 아직 전시작전권을 환수할 준비가 안 되었고, 물리적 방위력이 보강되기 전에 전시작전권을 환수하는 것은 국가안보에 위험하며, 전시작전권을 한국이 보유할 경우 한미연합방위 태세가 약화되고 유사시 미군 증원병력 파견 등 미국의 군사적 지원에도 악영향을 미치리라는 것이다.

표면상의 근사한 논리에도 불구하고, 찬반론이 공히 좌파와 우파의 진영논리를 반영하고 있다는 점도 과거와 별로 다를 바가 없다. 오래전부터 이 논쟁은 국가를 위한 논쟁도 아니고 국민을 위한 논쟁도 아니고, 두 진영 간의 이념적 논쟁이 되어 버렸다. 그래서 그 사이에 낀 국민들은 불안하다.

그러나 그러한 진영의 논리를 떠나서, 전시작전권이란 기본적으로 하드웨어가 아니라 소프트웨어의 문제다. 전쟁 발발 시 크고 작은 작전을 수립하고 병력을 운용하고 전쟁 전체를 승리로 이끌어가는 작전능력과 지휘능력의 문제다. 그래서 하찮은 병력과 무기로 주변 군사강국과 대치해야 하는 아시아, 아프리카의 소국들도 자국 군대의 작전권은 모두 스스로 갖고 있다.

베트남이 프랑스, 미국, 중국 등 세계열강들과 거의 맨손으로 싸웠을 때도 그들은 자력으로 작전을 수행하여 승리했다. 약 10년에 걸친 미국과 베트남 사이의 제2차 인도차이나전쟁 때에도 월맹 정권은 소련과 중국의 군사적 개입 제안을 마다하고 홀로 싸워 미국을 격퇴했다. 그러기에 그들의 승리는 한결 더 떳떳하고 자랑스러웠다.

물론 한국군 상층부의 고심도 이해는 간다. 한국군 지휘부가 지난 60년간 미군 차량 조수석에 앉아 있다가 직접 운전을 하려니 운전능력도 경험도 정보도 부족한 것이 한두 가지가 아닐 것이다. 그러나 그건 어디까지나 소프트웨어의 문제로서, 값비싼 무기 쇼핑리스트가 해결해 줄 수 있는 문제는 아니다. 비싼 외제차 사서 온갖 자동장치들을 풀옵션으로 단다고 해서 운전능력이 향상되는 건 아니다. 운전을 잘 하려면 속히 운전을 시작하여 맹연습을 하는 수밖에 없다. 운전능력은 전적으로 하드웨어가 아닌 소프트웨어의 문제이기 때문이다.

그런데 전시작전권 환수 얘기만 나오면 반대하는 측에서는 아직도 이런저런 무기가 없어 자립이 안 되니 시기상조라면서 장황한 무기 쇼핑리스트 얘기만 한다. 한국군에 이러이러한 작전 능력과 경험이 부족하고 작전 지휘에 필요한 고급인력 양성이 안 되어 이를 보완해야 한다는 말은 들리지 않는다. 그러니 2006년 전시작전권 전환 합의가 이루어진 지 10년이 넘어서도 한국군의 전시작전 능력에는 별 진전이 없다.

전시작전권 환수의 전제로서 제시된 무기 쇼핑리스트의 면면을 보면 군사강대국들도 갖고 있지 못한 값비싼 첨단 무기들 일색이라, 한국군이 꼭 이런 무기까지 갖고 있어야 국토방위가 가능한가 하는 의구심이 생긴다. 요즘엔 북한의 핵무장 대응을 명분으로 핵잠수함 건조론까지 거론되고 있다.

핵잠수함이 무엇인가? 핵잠수함은 핵보유국들이 적국의 선제 핵공격에 대비하기 위해 핵무기를 대량 적재하고 심해 깊은 곳에 숨어 있다가 유사시 적국에 치명적 핵공격을 가하기 위한 무기다. 말하자면 해저의 이동식 핵무기 저장소다. 미국의 주력 핵잠수함인 오하이오 급 핵잠수함에는 트라이던트II 핵미사일 24기가 장착되는데, 이들은 모두 수소탄 탄두가 8~14개씩 적재된 다탄두미사일MIRV이다. 그 24개의 핵미사일에 탑재된 핵탄두는 최대 336개이며, 이를 모두 합치면 히로시마 원폭 1천 600개에 달하는 가공할 위력이다.

요즘 미국의 일부 핵잠수함은 핵무기 대신 사거리 3천km의 토마호크 크루즈미사일을 100기 이상 싣고 멀리 대서양이나 인도양의 심해 속에 은신하다가, 본부 지시가 떨어지면 망망대해에서 공격목표를 향해 미사일을 발사하고 유유히 사라진다. 원거리 작전에서 해저 미사일기지 역할을 하는 것이다. 과거 미국의 2003년 이라크 침공, 2011년 리비아 공습 등에 이러한 목적으로 핵잠수함이 동원되었던 것으로 알려져 있다. 그러나 위의 두 가지 용도 중 어느 것도 한국군에는 해당사항이 없다.

그밖에도 정찰자산 부족, 미사일전력 열세 등을 이유로 많은 무기구입 소요가 제기되고 있으나, 전시작전권 환수 문제는 기본적으로 하드웨어가 아닌 소프트웨어의 문제다. 다시 말해서, 한국이 이미 보유한 다양한 군사력을 효과적으로 배치하고 운용하는 작전수립과 작전지휘 능력의 문제다. 소프트웨어의 문제를 하드웨어 문제로 포장하는 것은 정당하지 못하다.

만일 노무현 정부 당시 결정된 우리 정부의 전시작전권 환수 방침에 어떤 근본적인 문제가 있고 이를 원천적으로 백지화하는 것이 마땅하고 정당하다면, 그럴 기회는 우파 정권 10년간 얼마든지 있었다. 그러나 이명박, 박근혜 양 정부 내에서 그런 의견수렴이나 정책결정이 이루어진 적은 없었고 국민 여론을 설득하려는 시도조차 없었다. 그들은 단지 북한 핵문제나 첨단무기 도입문제 등 부수적 문제들을 이유로 전시작전권 환수의 시기를 계속 지연시켰을 뿐이었다.

이렇게 보면 전시작전권 전환시기를 언제까지나 마냥 미룰 일은 아닌 듯 하나, 이를 찬성하는 목소리에도 문제가 많아 국민들은 쉽게 판단을 내리지 못한다. 한국군 전시작전권의 조기 환수는 북한과 그 지지세력들이 이미 수십 년 전부터 촉구해 온 사안이기에 그 배후에 숨은 의도가 국민들은 의심스럽다.

또한 북한이 촉구하고 있는 전시작전권 조기 환수 주장은 그들이 주장하는 주한미군 철수, 한미연합사 해체, 한미합동훈련 반대, 종전선언, 미·북 평화협정 체결, NLL 폐지, 미국 핵우산 철거, 사드 배치 반대 등 대남 군사전략상의 여타 주장들과도 맥을 같이하고 있다.

그러한 북한의 주장들이 추구하는 바는 단 하나의 동일한 목표로 수렴된다. 그것은 '한국의 국방력 약화'다. 한국을 미국의 군사적 지원으로부터 최대한 격리시키고 한미동맹을 와해시켜 궁극적으로 북한이 주도하는 한반도 통일을 이루기 위해서다. 그것이 군사적 통일이건, 비군사적 연방제통일이건 간에, 우리가 원하고 꿈꾸어 온 통일과는 거리가 먼 방식의 통일임에는 의문의 여지가 없다.

한국의 국내정치적 변화와 이념적 편향에 따라 대북한 정책과 국방정책이 극과 극을 오가는 혼란한 상황 속에서, 그나마 전시작전권을 미군이 보유하고 있어 그간 북한의 대남 군사적 위협에 대처하는 데 있어서는 최소한의 연속성과 안정성을 기할 수 있었던 것이 사실이다. 그러나 전시작전권이 환수될 경우에는 한국의 군사적 안보마저도 급변하는 대북정책의 종속변수가 됨으로써, 안보의 불확실성이 불가피하게 더욱 커질 것이다. 더욱이 종전선언이나 평화협정을 통해 주한 유엔사가 해체되어 DMZ의 관할권마저 한국군이 전적으로 행사하게 될 경우, 지난 60여 년간의 모든 안전장치가 해제되는 상황이 초래될 수 있다.

그래서 대한민국 국군의 전시작전권을 우리가 응당 되찾아 와야 한다는 명백한 당위성에도 불구하고 전시작전권 환수에 어떤 예상치 못한 함정이 도사리고 있을지 걱정스럽고, 본의 아니게 북한의 의도에 말려들어 국가안보가 위태롭게 될 수도 있으리라는 생각에 이 땅의 국민들은 판단이 혼란스럽다.

그럼에도 불구하고, 그러한 안보상의 우려가 60만 대군의 전시작전권을 미국에 맡기고 조수석에 편히 앉아 자족하는 우리 군의 현실을 합리화할 수는 없다. 이는 마치 우리 정부가 우리의 가장 중요한 안보현안인 북한 핵문제를 미국에 맡기고 관중석에서 구경이나하고 있는 것과 별로 다를 바가 없다.

어떤 명분으로건 한국군의 전시작전권을 마냥 미국의 손에 맡겨두려는 주장은 국민적 지지를 받기 어렵다. 한국에 못지않게 국가안보가 위태로운 나라는 이스라엘, 이라크, 아프가니스탄, 우크라이나, 대만, 레바논, 시리아, 리비아 등 세상에 많고도 많다. 그러나 국가안보가 위태롭다하여 외국군에게 전시작전권을 맡겨둔 나라는 한국밖에 없다. NATO의 예를 드는 사람도 있으나, NATO군은 전면전 발생시 NATO 회원국들이 각자의 사전 선택에 따라 자국군의 전부 또는 일부를 유럽 통합군에 배속시키는 방식으로 운영되고 있다. 전시작전권을 사전에 미군에게 일괄적으로 맡겨두는 시스템과는 거리가 있다.

전시작전권은 언젠가는 응당 환수되어야 한다. 그리고 우리 군이 이를 위한 준비를 함에 있어서 더 이상 무기 쇼핑리스트나 제시하면서 마냥 시간을 끌지 말고, 전시작전권 환수의 가장 중요한 요건이 될 소프트웨어적 요소들, 즉 거시적 전쟁수행 능력과 작전수립능력, 이를 이행할 지휘체계, 지휘능력 등을 단기간 내에 고도로 향상시키기 위한 인적, 제도적 개혁조치들을 집중적으로 시행하는 것이 필요하다.

그리고 그와 아울러, 우리 군의 국방태세가 국내정치적 굴곡에 흔들리거나 대북한 정책 변화의 종속변수가 되어 국가안보를 불안하게 하는 일이 없도록, 한미동맹을 토대로 하는 다양한 제도적 안전장치들을 설정하는 데 모든 지혜를 집중시켜야 할 것이다.

예컨대, NATO 국가들과 마찬가지로 한국군의 전시작전권은 한국이 보유하되 전면전 발발 시 한국군의 일부 또는 대부분을 연합군사령부에 자동 배속시켜 연합군 최고사령관 또는 유엔군 사령관의 지휘를 받도록 하는 방안도 있을 것이고, 2002년 창설된 NATO 대응군(NATO Response Force)처럼 일정한 수의 한국군 전투부대를 평시에 한미연합사에 배속시켜 통합지휘체계 하의 상시적 한미 연합군으로 운영하는 방안도 있을 것이다. 또한 DMZ에 대한 주한유엔군 사령관의 권한을 보다 실질적으로 강화하여 DMZ의 안정성을 강화하는 방안 등 여러 가지 보완조치들이 검토될 수 있을 것이다.

6

한·미·일 삼각협력의
함수관계

미국은 한국과 「한미 상호방위조약」(1953년), 일본과 「미일 신안보조약」(1960년) 체결을 통해 양국과 군사동맹을 맺고 각각 2만 8천 명과 5만 2천 명의 미군을 주둔시키고 있다. 일본 요코스카 항을 모항으로 하는 수만 명 규모의 제7함대 병력까지 포함하면 실제 일본에 주둔 중인 미군 수는 훨씬 많다.

주한미군은 한국의 방어만을 목적으로 하고 있는 반면, 주일미군은 동아시아 전체를 커버하는 지역거점 역할을 수행하고 있어 그 성격은 많이 다르다. 그러나 주일미군의 가장 중요한 역할이 한반도 유사시 주한미군을 지원하는 역할이기 때문에, 한미동맹과 미일동맹은 불가분의 관계를 갖고 있다.

그런 이유로 미국은 한·미·일 3국 간의 삼각 안보협력을 강력히 희망하고 있으나, 한·일 군사협력이 수반하는 국내정치적 예민성과 평탄치 못한 한일관계로 인해 3자 안보협력은 쉽게 진전되지 못하고 있다. 게다가 북한과 중국이 한·미·일 3각 안보협력에 대해 극도의 거부감을 보이고 있기도 하다.

미국은 자국의 국방예산 제약을 감안하여, 냉전체제 종식 직후인 1990년대 초부터 미일동맹관계의 외연 확대와 국제평화를 위한 일본의 기여 확대를 강력히 요구해 왔다. 보다 구체적으로는, 일본 정부가 헌법상의 자위권을 확대 해석하여 동맹군(즉, 해외파견 미군)에 대한 수송, 보급 등 준군사적 후방지원을 제공하고, PKO 유엔(평화유지군) 활동에도 적극 참여해 달라는 것이었다.

이 요구의 배경에는 1991년 걸프전 당시 일본이 헌법상의 제약을 이유로 재정적 지원만 제공하고 군사적 지원은 외면한 데 대한 미국 조야의 불만이 큰 몫을 차지하고 있었다. 당시 일본은 130억 달러의 천문학적 전쟁비용을 부담했음에도 불구하고, 미국으로부터 '안보 무임승차국'이라는 비판에 시달려야 했다. 사인 간의 관계에서와 마찬가지로 국제정치의 세계에서도 피는 돈보다 월등히 진하기 때문이었다.

이러한 미국의 압력에 따라, 일본은 1992년 「PKO법」 제정을 통해 비군사적 차원에서 유엔 PKO 활동에 참여키로 결정했고, 1997년에는 「미일 방위협력지침」 개정을 통해 한반도 유사시 미군에게 일본 민간공항과 항만 사용을 허용하고 미군에 대한 물자보급과 수송 등을 지원하게 되었다. 1999년에는 「주변사태법」 제정을 통해 일본 영토와 주변 공해에서 미군에 대한 비군사적 후방지원(군사물자 수송 및 비군사물자 보급)이 가능하도록 했다. 이 법이 의미하는 '주변 공해'에는 한반도 뿐 아니라 러시아, 중국, 대만의 주변 해역까지 포함된다.

그럼에도 불구하고 일본의 실질적 기여가 미국의 기대에 미치지 못하자, 미국은 일본이 집단적자위권 행사를 통해 해외미군에 대한 후방지원을 강화해 줄 것을 요구했고, 그 후 15년이 지난 2015년 아베 내각은 「무력공격사태법」 개정을 통해 일본의 집단적자위권 행사를 공식화했다. 이는 미국 자신의 오랜 소망이었으므로, 한국 측의 우려에도 불구하고 미국은 이를 전폭 환영했다.

그러나 미국의 강력한 희망에도 불구하고 한·미·일 삼각군사협력은 현재 주로 태평양에서의 RIMPAC 훈련, PSI 훈련 등 다자간 훈련에 공동참여 하는 것 이상의 특별한 사항이 없고, 한일 간의 쌍무적 군사협력은 전무하다시피 하다. 한국 내의 저항적 민족주의 정서, 중국에 대한 눈치, 북한의 반발에 대한 우려가 그 원인이 되어 왔다. 구체적 사례는 무수히 많다.

2017년 1월 미국과 일본이 제의했던 한·미·일 합동 대잠수함 훈련은 중국의 반발을 우려한 한국 정부의 반대로 무산된 것으로 알려졌다. 이는 당시 박근혜 정부가 추구했던 중국에 대한 일방적 구애 정책의 산물이었다. 그러니 미국 조야 일각에서 한국이 미국의 동맹국인지 중국의 동맹국인지 모르겠다는 얘기가 나온 것도 무리는 아니었다. '대국' 청나라 눈치 보던 조선시대의 아픈 역사를 방불케 한다.

한·미·일 3국 사이의 원활한 군사정보 교류를 목적으로 추진했던 2012년의 「한·일 군사비밀정보보호협정」 체결 소동도 하나의 사례다. 그걸 비공개로 체결하려다 발각된 정부의 판단력도 문제려니와, 군복무만 제대로 했어도 누구든 알만한 내용의 비밀관리규정에 불과한 협정문을 가지고 그걸 체결하면 한국의 군사기밀이 몽땅 일본으로 넘어가거나 일본군이 금방 한반도에 진주라도 할 것처럼 국민을 호도하던 목소리들 때문에, 협정체결은 4년이 지난 2016년에야 실현되었다.

그보다 더했던 해프닝은 2013년 수단에서 발생했다. 수단에 파견된 한국 PKO 부대가 갑작스런 위급상황에 처하여 유엔으로부터 실탄 1만 발을 지원받았는데, 그것이 자위대가 유엔에 지원한 탄약이라고 해서 이를 반환하는 소동이 벌어졌다. 중동의 다국적군이나 유엔 PKO에 대한 일본 정부의 준군사적 지원 강화는 장기간에 걸친 미국의 대일본 요구와 압력에 따른 것일 뿐, 일본의 재무장과는 무관한 사안이다. 이런 일련의 사건들은 일본과 관련된 문제들에 대한 한국인들의 과도한 트라우마를 반영한다.

2015년 아베 내각에 의해 더욱 강화된 「미일 방위협력지침」에 따라, 일본의 군사적 행동반경은 일본과 주변지역에서 아태지역과 전 세계로 확대되었고, 그 발동요건도 '미국과 다른 나라가 군사적 외침을 받는 상황'으로까지 확대되었다. 미일 안보협력의 범주도 정보와 감시활동은 물론 공동탐지활동, 미사일 방어 및 해상안보까지 대폭 확대되었다. 따라서 한반도 유사시에도 일본은 미군에 대해 대규모의 군수지원, 정보제공, 해상감시, 기뢰제거, 미사일 방어 등을 포함한 다양한 군사적, 비군사적 지원을 하게 될 전망이다. 단기간에 수십만의 미군을 증파해야 하는 미국에게 있어서 일본의 이러한 지원은 불가피하고도 긴요한 요소다.

또한 만일 오키나와를 포함한 일본 영토가 북한으로부터 노동미사일 등에 의한 직접공격을 받는다면 일본은 자위권에 따라 당연히 군사적으로 대응할 권리를 갖고 있으며, 미국은 이에 대응하는 일본의 군사행동을 미일 동맹조약에 따라 지원할 의무를 지고 있다. 한반도 무력충돌 발생 시 일본군의 직접 개입은 한국 정부의 명시적 동의가 없는 한 있을 수 없는 일이나, 북한의 대일 선제도발로 인해 일본의 개입이 현실화될 가능성도 염두에 두어야 할 것이다.

이처럼 한·미·일 3개국은 그들이 원하건 원하지 않건 동북아 지역에서 상호불가분의 군사적 연관성을 맺고 있는 것이 현실이다. 북한이 한반도 유사시 미군 증원군의 도래를 막기 위해 핵무기와 중장거리미사일 개발을 추진해 온 점을 감안할 때, 한국이나 일본의 의사와 관계없이 북한의 대일 선제공격으로 일본이 한반도 사태에 직접 관여될 가능성을 배제할 수 없다. 그에 관한 모든 열쇠는 한국도 일본도 아닌 북한이 쥐고 있다.

따라서 우리 정부로서는 예측 불가한 미래의 상황에 대처하기 위해 한·미·일 또는 한·일 간의 군사적 협력과 조율을 어느 정도 수준까지 격상해 둘 필요가 있다. 아울러 한일 양국 사이의 과거사나 독도문제 같은 장기적 현안들이 양국 간 당면과제에 관한 협력을 저해하는 일이 없도록 이를 철저히 분리하여 대응하는 것이 필요하다. 과거의 문제 때문에 현재 필요성과 미래의 기회까지 포기할 수는 없기 때문이다.

"국제정치에는 영원한 적도 영원한 친구도 없다."는 유명한 말이 있다. 양차 세계대전을 포함하여 과거 수백 년 간 온갖 전쟁으로 점철되었던 독일과 프랑스는 이제 유럽에서 가장 가까운 맹방이 되었고, 1965년부터 8년간 치열한 전쟁을 겪었던 미국과 베트남은 남중국해에서 점증하는 중국의 위협에 대응하기 위해 협력의 손을 굳게 잡았다. 베트남 캄란만에 조만간 미국 해군기지가 다시 들어선다 해도 아무도 놀라지 않을 것이다.

우리가 깨어 있는 한 역사는 결코 반복되지 않는다. 그러나 우리가 구한말처럼 문을 닫고 눈 감고 호통만 치고 있으면 역사는 다시 반복될 수 있다. 우리가 일본과의 과거사의 늪에서 허우적대며 피아식별에 혼선을 거듭한다면, 그러한 아픈 역사는 일본이 아닌 중국 쪽에서 다시 다가올지도 모른다.

필자가 2000년대 초 하노이의 주베트남 대사관에서 정무참사관으로 근무할 당시, 양국 사이에는 베트남전쟁 기간 중 한국군에 의한 베트남 양민학살 의혹의 소용돌이가 몰려오고 있었다. 그 시기는 공교롭게도 한국 정부가 미국에 대해 노근리 양민학살의혹 사건의 책임을 묻던 시기이기도 했다. 같은 시기에 전개된 두 사건에서 하나는 우리가 가해자였고 하나는 피해자였다.

당시 우리 정부는 베트남 정부에 대해 베트남전쟁 참전에 대한 유감 표시를 하고, 양민학살 의혹에 대한 공동조사 실시 후 필요시 사과와 보상도 하겠다는 대단히 전향적인 제안을 전달했다. 한일 과거사나 한미 과거사의 선례에 비추어, 그 정도면 베트남 정부가 충분히 만족하고 감사할 것으로 우리는 생각했다.

그러나 베트남 정부는 이를 단호히 거부하면서, 과거사 문제에 대한 어떠한 논의에도 반대한다는 입장을 분명히 하는 한편, 한국군의 양민학살 의혹에 대한 베트남 언론들의 보도를 금지시키는 조치를 시달했다. 베트남을 방문하는 한국 고위인사들이 덕담 차원에서 양국 과거사 문제에 대한 유감표시를 할 때에도 베트남 측은 정색을 하면서 "과거를 덮고 미래를 위해 협력하자Set aside the past, and cooperate for the future."는 말을 반복했다.

  그즈음 양국 간 정상회담을 앞두고 베트남 정부는 "제발 과거사 문제를 거론하지 말아 달라"는 요청을 하노이 주재 우리 대사관을 통해 전달해 왔는데, 그럼에도 불구하고 우리 대통령은 덕담 수준에서 한국군의 베트남전쟁 참전에 대한 사과의 뜻을 표명했다. 그러자 베트남 정부는 좋아하기는커녕 하노이의 우리 대사관 앞으로 강한 항의의 뜻을 전달해 왔다. 베트남은 한국과 미래를 위한 협력을 하고자 하는데 한국 정부는 왜 그리도 과거사에 연연하는지 이해할 수 없다는 것이었다. 정말 부끄럽고 가슴 숙연해지는 말이었다.

  베트남에서는 1940년부터 1973년까지 불과 30여 년 사이에 일본의 침공(1940-45년), 프랑스와의 제1차 인도차이나 전쟁(1946-54년), 미국과의 제2차 인도차이나 전쟁(1964-73년)을 통해 전체 인구의 약 10%인 600~700만 명이 목숨을 잃었다. 그러나 베트남 정부가 과거 자신을 침략하고 학살하고 식민지배 했던 미국이나 프랑스나 일본이나 중국에게 사과나 보상을 요구했다는 기록은 어디서도 찾을 수 없다. 베트남 전쟁 기간 중 미군에 의한 '밀라이 학살사건'이 공개되자 미국 정부는 밀라이 마을에 추모공원을 건립하고 보상을 하겠다고 제의했으나, 베트남은 이를 거부하고 자력으로 추모공원을 만들었다.

  그렇다고 해서 베트남 정부나 국민이 과거의 아픔과 원통함을 잊었다고는 누구도 생각하지 않는다. 세계의 수많은 강대국들과 처절하게 싸워 승리한 베트남의 그러한 침묵은 다른 나라들에게 존경의 대상인 동시에 두려움의 대상이기도 하다. '국제정치에는 영원한 적도 영원한 친구도 없다'는 평범한 진리를 베트남은 이미 오랜 고난을 통해 몸으로 터득하고 실천하고 있는 지혜로운 나라이기도 하다.

한일 과거사 문제 70년. 이젠 우리도 좀 변할 때가 되지 않았을까? 과거의 애증관계에 집착하는 과거 지향적 자세로는 국제사회의 리더가 될 수 없고 존경도 동정도 받을 수 없다. 과거 때문에 현재와 미래의 국익을 희생할 수는 없다. 과거와 현재, 현재와 미래는 분리되어야 한다. 우리보다 훨씬 가혹한 역사와 처절한 고난을 겪은 베트남이 하는 일을 우리가 못 할 것이 무엇인가?

7

원칙과 철학이 있는 외교의
필요성

．

　국제사회에서 다른 나라들은 한국을 어떤 나라로 생각할까? 한국은
급속한 경제성장으로 주목을 받는 나라, 일본 못지않은 경제력과 기술
력을 가진 나라, 북한의 위협과 도발에 끊임없이 시달리면서도 별로 신
경 안 쓰고 사는 나라, 머나먼 유라시아대륙 끝에 살면서도 유학생, 관
광객, 올림픽, 국제행사 유치 등 해외진출에 유난히 관심이 많은 나라,
항상 큰 사건과 뉴스가 많은 나라 등일 것이다.

　그렇지만 국제사회에서 한국은 그다지 핵심국가도 아니고 존경받는
나라도 아니다. 지역의 리더도 아니고, 어느 특정지역이나 국가그룹의
공통된 가치관이나 이해관계를 대표하지도 않기에, 다른 나라들의 중요
한 협의나 교섭 상대가 아니다. 어떤 특정한 주장을 내세우고 이를 위해
총력을 기울이거나 자기희생을 함으로써 친구와 적들로부터 존경을 받
는 나라도 아니다. 국제사회에 어려운 일이 생길 때 발 벗고 나서서 해

결책을 제시하거나 총대를 메는 나라도 아니다.

국제사회의 일에 대해 어떤 특정한 입장이나 주장도 없고 모든 나라에게 두루 친절하고 너그러운 나라, 그래서 원래 소속이 어디고 어느 편에 설 건지 약간 애매한 나라, 자기나라 문제가 세상에서 제일 중요한 문제라고 굳게 믿고 있는 나라, 항상 자기나라 문제에 몰입되어 있어 남의 일에 신경 쓸 겨를이 없는 나라, 그래서 복잡한 한반도 문제에 관심을 가져 달라고 남들에게 끊임없이 요구하면서도 정작 자기는 남의 나라 일에 무관심한 나라, 남들이 자기나라를 도와 피 흘려주기를 원하면서도 정작 자기는 남의 나라 전쟁에서 단 한 방울의 피도 흘리기를 꺼려하는 나라, 큰 전쟁이 나서 세계의 주요국들이 모두 함께 피 흘려 싸울 때 대충 돈으로 때우고 먼발치에서 바라보기를 선호하는 나라, 그래도 자기나라에 전쟁이 나면 다들 몰려와 줄 거라고 믿고 있는 나라, 이따금 마지못해 해외파병을 할 때도 유난히 한적한 데서 홀로 유유자적하기를 즐기는 나라…… 대충 이런 것들이 남들이 바라보는 솔직한 우리의 모습이 아닐까?

이제 우리는 더 이상 약소국도 개도국도 아니고, 경제력(11위) 면에서나 군사력(12위) 면에서나, 인구(27위) 면에서나 세계의 열강 중 하나로 발돋움할 수 있는 잠재력이 많은 나라다. 선진국의 문턱에 와 있는 나라다.

그러나 선진국의 관문은 그런 하드웨어만 가지고 들어갈 수 있는 곳이 아니다. 선진국이 되기 위해서는 물리적 경제력과 군사력에 더하여, 다른 나라들이 인정하는 자기 나름의 일관된 세계관을 가지고 국제사회에서 목소리를 내야 한다. 또한 유사한 신조를 가진 나라들과 행동을 함께하고 그들을 리드하며, 그 신조를 지키기 위해 자신의 이익을 희생하고 피도 땀도 함께 흘릴 준비가 되어 있어야 한다.

우리가 선진국 반열에 오르려면 여러 분야에서 개선할 점들이 많겠지만, 외교 분야에서 우리가 반드시 성취해야 할 목표는 '원칙과 철학이 있는 외교'를 해야 한다는 것이다. 그때그때 이익을 계산하고 타산적으로 행동하고 남의 눈치를 보는 외교가 아니라, 자신의 변함없는 원칙과 철학을 정해 놓고 그것을 주장함에 있어 망설임이나 두려움이 없이 일관성 있는 외교정책을 실천에 옮겨야 한다. 이를 위해 우리 외교가 무엇보다도 시급히 개선해야 할 사항은 아래 세 가지다.

첫째, 너무 타산적인 외교를 하지 말자. 국가 이익을 지키는 것도 중요하기는 하나 자국의 원칙과 정의에 어긋나면 손해를 보더라도 할 말은 해야 하고, 다소 희생이 따르더라도 용기 있게 행동에 나서야 한다. 사소한 이익에 마음 쓰지 말고 큰 물줄기를 따라가야 한다. 그래야 다른 나라들과의 갈등도 오히려 적고 존중도 받는다. 너무 눈치를 보고 타산적으로 행동하면 국제사회에서 왕따가 되고 결국 아무 이익도 건질 수 없게 된다.

아무리 강한 나라도 원칙을 확고히 지키는 약소국을 함부로 건드리지는 못한다. 제2차 세계대전 당시 독일의 침공 위협에 직면한 스위스는 일부 독일계 주민들의 유화론에도 불구하고 독립을 끝까지 고수하기로 결정하고 무장중립을 선언했다. 당시 스위스는 금융업이 핵심 산업이었고 가명계좌의 비밀을 지키는 것이 그 생명줄이었는데, 히틀러가 점령하여 유태인 예금을 강탈해 가면 스위스의 금융업에는 미래가 없었다.

스위스 정부는 국민 총동원령을 내려 불과 7일 만에 43만 명의 예비군과 민병대를 소집하는 한편, 독일이 침공해 오면 알프스 통로를 모두 폭파시킨 후 산악지대 요새에서 끝까지 항전할 것을 천명하고, 도로와 터널 도처에 폭약과 지뢰를 설치했다. 또한 이러한 결의를 보다 확실히 보여주기 위해, 스위스 전역의 나치당사를 습격하여 100여 명을 체포하고 17명을 재판과 함께 즉결 처형하는 배수진을 쳤다.

스위스는 과거 생계수단이 별로 없어 외국 용병생활로 먹고사는 사람들이 많았다. 스위스 용병은 용맹하기로 이름이 높아 나폴레옹의 근위대도 교황의 근위대도 모두 전원 스위스 용병이었다. 그들은 주군이 패전할 때 누구도 살아남지 않고 마지막 한 사람까지 싸우다 전사하는 길을 택했다. 그래야 자기나라 사람들이 계속 용병으로 채용될 수 있다는 생각 때문이었다. 그에 대한 감사의 뜻으로 로마교황청은 지금도 교황 근위대에 스위스인만 채용한다.

이러한 스위스의 고집을 잘 아는 히틀러는 중립국 벨기에와 노르웨이를 침공한 데 이어 스위스 침공을 수차 계획했으나 득보다 실이 많다는 생각에 결국 포기하게 되었다. 만일 스위스가 그런 강한 결의를 보이지 않고 나치독일과 적당히 타협해 생존하기를 도모했다면 아마도 벨기에나 노르웨이처럼 독일의 침공을 피하기 어려웠을 것이다.

둘째, 자신의 문제에만 몰입하는 우물 안 개구리가 되지 말자. 우물 밖 세계에 대해 관심을 갖고 그들의 주요 관심사에 대해 나름대로 목소리를 내야 한다. 남이 우리에게 관심을 갖기를 원한다면, 우리도 그들의 주요 관심사에 대해 우리의 원칙과 철학에 따라 남의 눈치 보지 말고 제목소리를 내야 한다. 우리가 그들의 관심사에 대해 불필요한 눈치 보느라 침묵하거나 얼버무린다면 남들도 우리의 중대한 이해가 걸린 일에 대해 북한과 중국의 눈치를 보며 침묵할 것이다.

한반도 문제가 국제 외교가에서 차지하는 비중이 얼마나 될까? 얼마나 많은 나라들이 한반도 문제에 대해 관심과 입장을 가지고 있을까? 그 비중은 우리가 생각하듯이 그리 크지 못하다. 우리가 가장 중요한 외교 현안으로 생각하는 북한 핵문제도 사실 미국, 중국, 일본 외에는 대단한 관심의 대상이 아니다. 그보다 더 중요하고 급박하고 민감한 현안들은 지구상에 널려 있다. 그런데 한국은 남의 일에는 관심이 없다가 자기에게 일이 생겼을 때만 나타나 한국 입장을 지지해 달라고 한다.

대니 러셀 미국무부 동아태차관보는 2015년 "한국이 국제질서의 주요 대주주로서 남중국해 문제에 대해 목소리를 내야한다"고 일침을 놓았다. 국제질서의 대주주가 되려면 목소리도 내고 행동도 해야 한다. 발언도 없고 투표도 안 하는 주주는 주주가 아니다.

남중국해 문제는 미국과 아세안 국가들의 최대 관심사이자, 북한 핵문제와 더불어 동아시아의 양대 핵심쟁점이다. 그러나 우리는 이 문제에 대해 관심도 별로 없고, 미국과 아세안 우방들의 협조 요청에 대해서도 중국 눈치를 보느라 얼버무리곤 한다. 그러면서도 우리는 아세안 국가들이 북한 문제에 대해 중국의 눈치 안 보고 강력한 목소리를 내 줄 것을 요구하는 자기중심적 자가당착에 빠져 있다.

외교에 관한 한국 정부와 국민의 시각은 한반도와 주변 4개국이라는 좁은 틀 안에 갇혀있다. 과거 한국 정부는 이 지역에서 외교적 이니셔티브를 여러 차례 시도했다. 노태우 대통령의 「동북아평화협의회의」제안, 김영삼 대통령의 「동북아 다자안보협력」 제안, 노무현 대통령의 「동북아공동체」 제의, 박근혜 대통령의 「동북아 평화협력구상」 제의 등 제목만 다르고 내용은 대동소이했던 구상들이 처하게 될 운명은 모두 같았다.

한국 정부로서는 동북아의 대립적이고 위태로운 국제체계에서 무언가 주도적 역할을 수행하겠다는 거창한 의지를 표명한 것이었으나 제의를 받은 나라들 중 어느 나라도 진정한 관심을 표명하지 않았고, 그런 필요성에 공감하지도 않았다. 이는 사실상 우리의 국내적인 외교적 담론 내지는 한국 정치지도자들의 외교적 허영심의 발로에 지나지 않는 비현실적 제안들이었다.

우리는 한반도가 지리적으로 주변 4국의 중심에 있다는 인식에 따라 '동북아'를 매우 중시하고 그것이 세계의 중심이라고 굳게 믿고 있지만, 세계를 무대로 뛰는 주변 4개국에게는 동북아라는 지리적 개념조차 거의 존재하지 않는다. 그들이 공통적으로 사용하는 개념은 동북아 보다 훨씬 큰 개념인 '동아시아'다.

중국과 일본은 그 영토와 경제수역이 동아시아 전역에 걸쳐 넓게 퍼져 있고, 러시아는 극동 연해주지역만 동아시아에 속해 있다. 미국의 경우 동아시아의 미국 영토는 괌뿐이다. 그래서 그들 나라들은 한국 정부가 동북아협력을 제의할 때 동북아가 구체적으로 지도상의 어느 부분을 지칭하는 것인지 묻고는, 자기 나라가 왜 동북아 소속인지 묻기도 했다. 몽골과 아세안은 왜 논의에서 배제하는지 궁금해 하기도 했다.

동북아에서 남북한과 미·일·중·러 4개국을 포함하는 6개국 간 협력을 제창하는 그러한 시도는 한국 외교의 전형적인 자기중심주의를 여실히 반영하고 있다. 이는 한국의 외교가 우물 안 개구리에서 벗어나 더 큰 국제무대로 도약하기 위해 필히 극복되어야 할 과제 중 하나이기도 하다.

셋째, 국제사회에서 미국과 EU 등 우리의 우방국들이 벌이는 집단적 행동에 적극 동참하자. 유엔 등 국제사회의 논의와 활동에서 이들과 뜻을 같이 하고, 특히 우리의 우방국들이 공통의 가치관과 정치적 명분을 가지고 참여하는 각종 다국적군 활동에 최소한 호주, 뉴질랜드 수준의 해외파병을 하자. 파병부대는 인원을 다소 줄이더라도 정예 전투부대를 보내자. 설사 위험성이 있더라도 거기에 참전을 자원할 용감한 한국 젊은이들은 얼마든지 있다.

일부 국제정치 학자들은 세계의 국가들을 해양세력과 대륙세력으로 나누어 개념정립을 하곤 한다. 해양세력은 미국, 영국, 일본, 캐나다, 호주, 뉴질랜드, 스페인, 프랑스, 이탈리아, 싱가포르 등으로서, 진취적, 개방적, 민주적, 자유주의적 이념을 공유하고 있다. 대륙세력은 러시아, 중국, 중앙아시아, 북한 등으로서, 폐쇄적, 수구주의적, 권위주의적, 전체주의적 이념을 공유한다.

이 두 진영 중 한국은 물론 해양세력에 속한다. 9·11사태 후 아프가니스탄과 이라크에서의 대테러전쟁은 해양세력 전체가 운집한 집단적 행동이었다. 한국이 앞으로 국제 문명사회의 존경받는 일원으로 자리매김하기 위해서는 이러한 해양국가들과 가치관 및 세계관을 공유하고, 이들의 집단적 움직임에 적극 동참하도록 노력해야 한다. 지리적 인접성을 이유로 우리의 가치관과 상충되는 대륙세력의 언저리를 기웃거린다면 우리가 거기서 얻게 될 것은 아무것도 없다.

과거 9·11사태의 여파로 미국에 의해 아프가니스탄 전쟁과 이라크 전쟁이 발발했을 당시, 안보문제에 대한 현실감각이 출중했던 노무현 대통령은 지지 세력의 거센 반대를 무릅쓰고 이라크 전쟁과 아프가니스탄 전쟁에 파병을 단행했다. 국내의 반대여론 때문에 전투부대를 보내지는 못했으나, 상당한 규모의 의료부대와 공병부대를 파견했다. 당시 북핵 문제와 안보문제를 둘러싼 이견으로 심각한 위기에 처해 있던 한미관계는 그로인해 큰 도움을 받았다.

한국이 2010년 아프가니스탄에 제2차 파병을 했을 때는 다른 대부분의 파병국들의 예에 따라 처음으로 특전사 전투병력 300명을 파병했다. 비록 다른 나라들에 비해 규모는 작았으나, 한국군의 베트남전쟁 파병 이후 해외에 본격적인 전투부대를 파견한 것은 그것이 처음이었다. 한국 전투부대의 예상치 못했던 참전은 아프가니스탄에서 난관에 처해 있던 미국 오바마 행정부에게 대단히 신선한 충격으로 작용하여, 그 시기 한미관계는 최상의 협조관계를 누릴 수 있었다.

당시 우리가 파병한 병력은 한국이 주도하는 파르완주 지방재건팀(PRT)의 민간요원들을 보호하는 것이 주된 임무였기에, 전투지역에 배치되지는 않았고 사상자도 없었다. 그러나 그들은 헬기와 장갑차까지 보유한 본격적인 전투부대였고, 간헐적 전투 가능성이 상존하던 아프가니스탄 수도권의 최대 요충지 파르완주 전역에서 4년간 치안유지와 재건활동을 주도했다.

물론 그러한 파병이 때로는 우리 국익에 얼마간의 손실을 끼치기도 하고 일부 파병부대원의 희생이 수반될 수도 있을 것이다. 그러나 1950년 한국전쟁에 참전했던 연인원 194만 명의 16개 참전국 군인들은 이익을 보고 온 것도 아니었고 안전해서 온 것도 아니었다.

　다른 나라라면 몰라도, 남의 나라 군대 덕분에 나라를 지켰고 아직도 남의 나라 군대에 안보를 신세지고 있는 한국만은 절대 안보상의 이기주의와 자기중심주의에 빠져서는 안 된다. 우리가 자신의 이익과 안전만 따지고 국제사회의 대의를 외면한다면, 나중에 한반도 전쟁이 재발할 때 누가 이 위험한 곳에 와서 목숨 바쳐 우리를 도와줄 것인가?

제2장 동상이몽의 한중관계

1

중화주의 부활의
불길한 그림자

1980년대 덩샤오핑(鄧小平) 시대에 중국의 대외정책을 규정짓던 키워드는 '도광양회(韜光養晦)'였다. 이는 삼국지에서 유비가 조조의 식객으로 있으면서 야망을 숨기고 엎드려 지내던 시절에 비유한 표현이다. 직역하면 '칼을 칼집에 넣어 검광을 감추고 어둠 속에서 힘을 기른다'는 뜻이다.

덩샤오핑은 후계자들에게 중국이 충분히 강해질 때까지 100년간 그 기조를 유지하라는 교시를 남겼다. 이러한 교시는 「심알동 광적량 불칭패(深挖洞 廣積糧 不稱霸)」, 즉 '굴을 깊게 파고 식량을 비축하며 패권자라 칭하지 말라'는 마오쩌둥(毛澤東)의 교시와도 일맥상통한다.

그러나 덩샤오핑 퇴장 후 불과 10년도 안되어 중국의 대외정책 기조에는 큰 변화가 시작되었다. 비약적 경제성장으로 국력이 팽창되자, 장쩌민 주석은 1997년 '대국으로서 필요한 일은 한다'는 의미의 「유소작위(有所作爲)」를 정책기조로 바꾸더니, 곧이어 후진타오 주석 시대에는 '평화롭게 우뚝 선다'는 뜻의 「화평굴기(和平崛起)」 정책으로 변화되어, 중국의 대외정책은 급속히 공세적 성격을 띠기 시작했다.

최근 시진핑 시대에 들어와서는, 중국이 장차 미국을 대신할 패권국가로 등장하리라는 국제사회의 시각이 점증하는 가운데, 국제정치, 군사안보, 국제경제, 영토문제 등 여러 분야에서 중국의 이익과 영향력을 확대하기 위한 거침없는 행보를 이어가고 있다. 시진핑 시대의 중국이 미국에 대해 요구하고 있는 「신형대국관계(新型大國關係)」라는 정책은 자신을 스스로 '대국'이라 칭하는 그 용어에서부터 중국의 과도한 자신감과 오만함이 느껴진다.

미국 국제정치 학계에서 논의되고 있는 미국과 중국 간의 '세력전이 power transition'를 위한 기본조건이 충족되지 않은 설익은 단계에서 너무 일찍 벌떡 일어서버린 중국의 존재로 인해, 국제사회에서는 미국과 중국 간의 갈등이 점증하고 있고, 이러한 미중관계는 미국의 동맹국이자 중국의 인접국인 한국에도 불가피하게 영향을 미치고 있다.

아시아에서 중국을 중심으로 주종관계로 얽혔던 국가체계를 그대로 부활시키기라도 하려는 듯한 중국의 고압적이고 일방주의적인 행보로 인해, 아시아에는 100년 만에 중화주의 부활의 어두운 그림자가 드리워지고 있다. 특히 중국이 군사력을 배경으로 광대한 남중국해의 영유권을 주장하는 무리한 영토 확장 정책을 추구하고 있어, 그간 대체로 중국 영향권 하에서 안주하던 많은 동남아 국가들과 심한 갈등을 빚고 있다.

중국은 350만㎢에 달하는 남중국해의 광활한 해역 중 90%에 이르는 부분이 명나라 시절 이래 역사적으로 중국의 바다였다는 황당한 이유로 베트남, 말레이시아, 필리핀 코앞의 근해까지 영유권을 주장하고 있고, 외교적, 군사적, 경제적 압박을 통해 이를 관철하려 하고 있다. 2016년 7

중국의 남중국해 영유권 주장(2017.8.9 동아일보)

월 헤이그의 중재재판소가 중국의 영유권 주장에 대해 '근거가 없다'는 판결을 내렸음에도 불구하고, 중국은 판결 불복을 공식 천명했다.

이러한 중국의 주장에는 어떤 새로운 국제질서에 대한 비전이 내포되어 있는 것도 아니고, 새로운 사상과 이념을 추구하는 것도 아니고, 오직 자국의 배타적 이익만을 추구하는 중국의 숨겨진 민낯이 고스란히 드러나 있다. 중국의 주장대로라면 유럽대륙은 전부 로마제국의 후예인 이탈리아 땅이고 동아시아에서 우크라이나나 터키에 이르는 지역은 모두 몽골의 땅이 되어야 마땅할 것이다. 또한 중국의 동북지역은 모두 고구려의 후예인 한국의 땅이 되어야 할 것이다.

장차 2020년대 중반이나 후반에 미국을 대신할 패자로 등장할지도 모른다는 평가를 받고 있는 이 새로운 '대국'은 과거 로마제국이나 미국이 국제적 리더십을 정착시키기 위해 국력팽창 초기에 보여주었던 관용이나 포용력, 희생정신도 없고, 미래의 비전이나 메시지도 없고, 제국의 말기적 현상인 불관용과 자기중심적인 편협한 세계관만으로 주변을 복속시키려 하는 듯하다. 그것이 중화주의의 유산인지, 공산주의적 현상인지는 알 수 없으나, 그 때문에 중국을 바라보는 주변국들의 시선은 불안하기만 하다.

만일 향후 중국이 세계의 패권자가 된다면 세계질서는 어떻게 바뀔 것이며 특히 아시아의 국가체제는 어떻게 변화될 것인가? 초기단계의 로마처럼 동맹국이나 우방국의 주권을 존중하고 고락을 함께하고 희생은 앞장서서 하는 민주적 국가공동체의 리더가 되고자 할 것인가, 아니면 로마제국 말기처럼 비판도 저항도 용인하지 않고 무력으로 강요하고 지배하고 빼앗는 리더가 될 것인가?

아니면 한걸음 더 나아가 구소련이 동구권에서 했던 것처럼 각국의 통치세력을 공산정권으로 교체하여 내정까지 직접 통제하고 지배하는 위성국 체제를 지향할 것인가? 어느 방향으로 가게 될 지 속단은 할 수 없으나, 현재 자칭 '대국'인 중국이 이웃국가들을 대하는 태도를 보면 미래가 걱정스러운 건 사실이다.

2017년 4월 미중 정상회담에서 시진핑 주석은 "한국은 사실 중국의 일부였다"는 말을 한 것으로 트럼프 대통령이 전했다. 그런 말을 한 것이 사실이라면, 그건 아마도 '한국은 일시 집을 떠난 중국의 속방(屬邦)이고 언젠가는 다시 중국 품으로 돌아올 테니 한중 사이의 일에 미국이 너무 나서지 말라'는 의미가 아니었을까 싶다.

과거 아시아가 '천하의 중심'인 중국과 중국을 종주국으로 모시는 속방들로 구성되어 있었을 때, 중국은 이들을 식민지 취급한 적도 없고 이들의 내치에 직접 관여하지도 않았으나 그렇다고 이들을 중국과 대등한 독립국으로 간주하지도 않았다. 대국인 중국을 중심으로 수많은 변방국가들이 수직적이고 위계적인 관계를 이루고 있다는 것이 중국의 세계관이었다. 그러한 '중국중심체계'에서 한국은 중국의 정치적, 문화적 우월성에 복종하는 모범적인 모델로 인식이 되었다.[3]

반면에 흉노, 인도, 일본, 베트남 등 상당한 국력을 가지고 중국의 영향권 밖에 위치한 나라들도 있었다. 그들은 현재도 중국의 영향권 밖에 있으며 대체로 중국과 대립적 관계를 형성하고 있다. 그 중 한 나라인 베트남은 기원전 1세기에 중국(漢)에 정복되어 1천 년 동안이나 지배를 받은 후 10세기에 무력으로 독립을 쟁취했다. 그 후 송, 원, 명, 청조에 의한 6차례의 대침공이 있었으나 베트남은 이를 모두 자력으로 격퇴하고 독립을 유지했다.

13세기 원(元)의 쿠빌라이 황제는 베트남을 3차에 걸쳐 각각 3만, 50만, 30만 병력으로 침공했으나 참패를 당했고, 1788년 청(淸)의 건륭제가 파견한 20만 병력은 베트남군의 초토화 전략에 휘말려 전멸했다. 중국은 1979년 덩샤오핑 시대에도 30개 사단 60만 병력으로 베트남을 침공했으나, 민병대를 주축으로 하는 베트남군에게 대패하여 수많은 사상자를 남기고 27일 만에 전면 철수했다. 당시 베트남 정규군은 대부분 캄보디아 침공 중이어서 민병대가 동원된 것이었다.

중국을 중심으로 하는 조공제도를 매개로 했던 아시아의 국가체계는

---

3 고성빈, "중국의 한국에 대한 인식," 『국가전략』, 제12권 4호, 2006, pp. 105-134.

로마시대의 국가체계와 일부 유사한 면도 있으나 차이점도 많았다. 기원전 1세기 아우구스투스 황제 시절의 로마는 이탈리아 반도 외에 18개의 속주와 이집트, 폰토스(현재의 터키 북부), 갈릴라이아(유대), 아르메니아 등 6개의 동맹국들로 구성되어 있었다. 중국의 조공국가들이 별도의 국왕을 갖고 있었다는 면에서는 로마제국 내의 동맹국들과 지위가 유사했다고 할 수도 있겠으나, 로마제국의 경우는 조공도 필요 없었고 이들 동맹국의 왕이 바뀔 때마다 로마의 책봉을 받는 일도 없었으며 로마가 보낸 사신 앞에서 왕이 머리를 조아릴 필요도 없는 완벽한 독립 동맹국들이었다.

그러나 중국은 조공국들을 중국과 대등한 독립국이나 동맹국으로 간주하지 않았고, 조선의 경우도 예외는 아니었다. 나라의 장래가 풍전등화 같았던 구한말 당시, 청나라는 러시아나 일본에 못지않게 조선에 대한 영토적 야심을 갖고 있었다. 1882년 조선과 청국 간에 체결된 최초 무역협정인 「조·중 상민수륙무역장정」은 서두에서 조선을 청의 '속방(屬邦)'으로 명기하여 종주국과 종속국의 관계를 분명히 했으며, 조선 국왕을 청의 북양대신과 대등한 위치로 취급하였다.

같은 해 조선이 미국과 「조·미 수호통상조약」을 체결할 때, 중국은 '조선은 중국의 속방'이라는 문구를 조약문에 포함시킬 것을 요구했으나 미국은 이를 거부했다. 미국이 조선과 조약을 체결하려면 조선이 독립국이어야 했기 때문에, 조선 정부는 '조선은 중국의 속방이나 내치와 외교는 자주적이다'라는 확인서를 미국에 서면으로 전달한 후에야 미국과의 조약에 서명할 수 있었다.

그것이 조선 자신의 인식이었건 중국의 압력에 따른 것이었건 간에,

당시 중국이 조선을 독립국이 아닌 '속방'으로 간주하고 있었음은 명백한 사실이었다. 시진핑 주석이 트럼프 대통령에게 '한국은 사실 중국의 일부였다'고 말한 것은 이러한 중국의 전통적 시각을 반영한 것으로 보인다.

한반도에 대한 중국의 시각을 가늠할 수 있는 다른 실례를 보자. 임진왜란 종전 후 1597년 중국(明)과 일본 사이에 개최된 강화회담에서 일본은 평화회복의 조건으로 7개항 조건을 요구했다. 그 중 한 항목은 '조선분할' 조항으로서, 일본에게 한강 이남의 충청, 전라, 경상 지방을 할양한다는 조항이었다. 일본이 요구한 이 조항에 대해 중국도 이의가 없었으나, 명나라 공주를 히데요시의 후비로 보내라는 조항에 대한 이견으로 회담이 결렬되었고, 히데요시는 이에 대한 보복으로 즉각 조선을 재침공하여 정유왜란이 일어났다. 이 강화회담에 조선 측이 참여하지 못했음은 물론이다.

그러한 중국의 시각은 단지 과거의 일만은 아니다. 오늘날에도 중국은 아시아의 주변국들과 자국의 관계를 '대국'인 중국과 그에 예속되었거나 장차 예속될 '속방'들의 관계로 보는 느낌이 든다. 그 대표적 사례는 동북공정과 남중국해 분쟁이다.

중국은 고구려를 중국의 지방정권으로 보고, 발해는 속방으로, 기자조선은 중국인이 건국한 중국 역사의 일부로 간주한다. 중국이 한반도를 중국의 속방이었던 것으로 간주한다면 그건 당연한 논리적 귀결일수 있다. 로마제국이 그 속주였던 스페인, 그리스, 시리아, 유대의 역사를 로마 역사의 일부라고 생각했던 것과 마찬가지다.

베트남, 말레이시아, 필리핀 사이의 광활한 남중국해 대부분에 대한 영유권을 주장하는 중국 정부의 황당한 주장 역시 그 지역 바다가 과거 명나라 시대부터 중국과 중국의 속방들이 관할하던 바다였다는 중국의 시각을 반영한 것이다.

한중 양자현안에서도 중국의 이러한 대국주의적 시각은 짙게 배여 있다. 2000년 6월 발생한 일명 '마늘분쟁' 당시, 한국 정부가 중국산 마늘에 대한 긴급수입제한 조치를 발동했을 때 중국은 한국산 이동전화기 등에 대해 그 수백 배에 달하는 보복조치를 단행했다. 차제에 한국이 다시는 그런 조치를 못 취하도록 '길들이기'를 한 것이었다. 한국은 결국 무릎을 꿇었다. 마늘분쟁은 중국이 한국과의 외교관계에서 언제든 무절제한 징벌적 조치를 취할 수 있음을 보여주는 사례이다.[4]

한국에 대한 중국의 사드THAAD 제재 역시 마늘분쟁의 연장선상에 있는 사안이다. 한국 정부의 사드 배치에 대한 보복으로 시행된 한국여행 금지, 한류금지, 한국쇼핑센터 제재 등 온갖 잡다한 보복조치들을 보면 그것이 과연 자칭 대국이 할 일인가 하는 생각도 들지만, 이 역시 한국을 과거의 속방 정도로 간주하고 쉽게 생각하는 시각과 무관하다고 할 수 없을 것이다.

우리가 앞으로 고압적인 중국 중화주의의 부활에 대응하여 국가의 자주성과 자존심을 지켜 나가려면, 중국을 두려워하지도 않고 중국과의 정면충돌을 회피하지도 않는 의연한 자세에서 출발해야 한다. 그러기 위해서는 중국에 경제적으로 과도하게 의존함으로써 중국이 이를 정치적 지렛대로 악용하는 일이 없도록 시장 다변화에 신경을 써야 한다.

---

4 고성빈, "중국의 한국에 대한 인식," 「국가전략」, 제12권 4호, 2006, pp. 105-134.

아울러 한미동맹과 한일협력을 보다 공고히 함으로써 중국에 대해 우리의 정체성을 보다 분명히 각인시키는 것이 필요하다. 무리에서 이탈한 짐승이 쉽사리 맹수의 먹잇감이 되듯이, 우리가 균형외교, 통일외교와 같은 외교적 허영심 때문에 우리의 전통우방인 미국과 일본에게서 멀어질 경우 중화주의 중국에게는 손쉬운 먹잇감이 될 수밖에 없다.

그러기에 사드 문제는 우리가 앞으로도 계속될 중국의 압력으로부터 자주성과 국가이익을 지키기 위해서라도 의연히 대응해 나가야 할 사안이다. 중국에 대해 우리의 결연한 자주독립 의지를 보이기 위해서는, 한국에 사드 1~2개 포대를 추가배치 함으로써 미국과의 미사일 방어 협력을 보다 강화하는 방안도 고려할 만하다.

많은 한국인들은 한일 과거사가 반복될 것을 두려워해 때로 지나치게 예민한 반응을 보이지만, 중국과의 아픈 과거사가 반복될 가능성은 너무 쉽게 간과하는 듯하다. 중국은 삼국시대 이래 20회 이상 한국을 침공했고 한국전쟁 때는 130개 사단 135만 명의 병력을 투입해 국군 및 유엔군과 교전을 벌였다. 한반도가 그 당시 통일되지 못하고 재차 분단으로 남게 된 것도 순전히 중국의 참전 때문이었다.

이제 굴기하는 중국의 고압적 자세와 공세적 민족주의가 날로 심해가는 현시점에서 우리가 더 두려워하고 경계해야 할 건 한중 과거사의 반복이 아닐까?

2

동북아 균형외교의
허망한 꿈

2005년 3월 한국 정부가 대외정책의 새 기조로 천명한 동북아 균형자론이 국내정치권과 워싱턴을 뒤흔들었다. '우리의 의지와 관계없이 동북아시아의 분쟁에 휘말리는 일이 없도록' 한국이 동북아시아에서 균형자 역할을 수행하겠다는 것이었다. 쉽게 말하자면, 한국이 G2 체제의 미국과 중국 사이에서 균형을 잡겠다는 얘기였다.

너무도 엉뚱한 발상이라 미국도 중국도 냉담했고, 우리 외교당국도 쓴웃음만 짓는 형국이었다. 이미 그 이전부터 한국이 미국과 중국 사이에서 양다리를 걸치고 있다는 의혹을 품고 있던 미국 조야에서는 한국 정부가 대체 무슨 꿍꿍이인가 하고 의심의 눈초리를 보냈다. 직설적 성격인 미 국방부의 롤리스Richard Lawless 아태담당 부차관보는 그해 5월 홍석현 주미대사를 찾아와 동북아 균형자론의 문제점을 지적하고 "만일 동맹을 바꾸고 싶다면 언제든지 말하라. 하고 싶은 대로 다 해주겠다."고 불쾌감을 전달했는데, 이는 미국 정부 내에 팽배한 불신이 밖으로 새어나온 빙산의 일각이었다.

　균형외교, 다시 말해서「세력균형 Balance of Power 정책」은 세계 외교사에
서 19세기 영국 외교의 대명사로 통한다. 영국은 자국이 유럽의 '균형자
balancer'로 나서서 유럽 여러 국가들 간에 첨예한 세력균형이 유지되도록
함으로써, 어느 나라도 유럽의 패권자로 부상하여 영국을 위협하지 못
하도록 하는 정책을 19세기 내내 외교정책의 기조로 삼았다. 19세기 초
유럽의 패권자가 되려는 나폴레옹에 대항하여 영국이 여러 차례 반(反)프
랑스 연합전선을 주도한 것이 그 시발점이었다.

　나폴레옹 몰락 이후 영국은 유럽의 최강국이 되었음에도 불구하고,
유럽대륙의 일에 간섭하지 않는 '명예로운 고립 splendid isolation'을 유지하
면서 유럽의 군사력 균형이 깨질 때에만 균형자로 나서서 세력균형의
회복을 도모했다. 그리하여 다른 유럽 국가들이 비좁은 유럽대륙에서
세력 확장을 위해 끊임없는 이전투구로 국력을 소모하는 동안 영국은
국내산업 진흥과 아시아, 중동, 아프리카의 식민지 확장에 전념했고, 그
결과 국력이 비약적으로 신장되었다.

　그러한 균형자 역할은 주로 군사적 균형자를 의미하기 때문에, 이는
자국의 군사력으로 다른 나라들 사이의 세력균형을 강제할 능력과 의지
를 갖춘 강대국만이 수행할 수 있는 역할이다. 따라서 한국이 세계최강
의 군사대국 4개국이 버티고 있는 동북아에서 균형을 잡겠다고 나섰을
때 다른 나라들이 얼마나 황당했을지 상상하기 어렵지 않을 것이다.

　19세기의 영국이 균형자 역할을 수행할 수 있었던 것은 유럽의 어느
나라와도 동맹을 맺지 않고 행동의 자유를 갖고 있었기 때문이었다. 따

라서 영국은 유럽대륙에서 어느 나라든 패권을 장악할 조짐이 보이면 그 반대세력과 손을 잡았고, 그렇게 함으로써 유럽에 패권자가 출현하여 대륙 전체를 석권하는 것을 막을 수 있었다. 반면에 다른 나라들은 공개적으로 혹은 비밀리에 여러 나라와 복잡한 동맹관계를 맺고 있어 행동의 자유가 크게 제약되어 있었다.

한국 정부의 동북아 균형자론이 단지 관련국들의 냉담한 반응에 그치지 않고 의혹과 비판의 대상이 된 것은 바로 이 때문이었다. 동북아시아는 19세기 유럽대륙에 못지않게 6개의 세계적 군사강국들이 복잡한 동맹관계와 혈맹관계를 형성하고 있는 지역이다. 남북한이 군사적으로 대치중인 한반도에서 중국은 북한의 동맹국이자 '혈맹'이고 한국은 미국의 동맹국이자 혈맹이다. 그리고 북한의 다른 혈맹인 러시아는 중국과 뜻을 같이하고 있고, 일본은 미국의 동맹국이다.

이처럼 두 그룹의 동맹체제가 첨예한 대립을 하고 있는 상황 하에서 미국 측 동맹의 일원인 한국이 중립적 입장에서 양쪽 사이의 균형자 역할을 하겠다는 구상을 미국은 어찌 생각할 것인가? 그러면 중국은 이를 환영할 것인가? 물어보지 않아도 두 나라 모두 '천만의 말씀'일 것이다.

입장을 바꿔서, 만일 미국이 남북한 사이에서 평화를 위한 공정한 균형자 역할을 하겠다고 한다면 우리 정부와 국민은 그것을 지지할 수 있을 것인가? 아마도 우리는 이를 '동맹의 배신'이라고 비난할 것이다. 그리고 만일 북한이 한반도 평화를 위해 미국과 중국 사이에서 균형자 역할을 하겠다고 나선다면, 우리는 그 제의를 신뢰할 것인가? 우리는 절대 동의하지 않을 것이고 미국과 일본도 코웃음만 칠 것이다.

동맹관계는 우정이나 친분과는 다르다. 그것은 한 국가가 다른 국가와의 특수 관계를 서약하는 것이고, 따라서 행동의 제약과 의무가 발생한다. 그런 의무를 원치 않으면 언제든 동맹을 파기할 수는 있지만, 동맹을 유지하는 한은 그 의무를 지켜야 한다. 동맹은 결코 중립적일 수 없으며, 언제나 동맹국의 편에 서야 하는 것이 동맹의 기본 의무다. 그런 의무가 없으면 동맹조약이 아니다. 그게 싫으면 19세기의 영국처럼 동맹을 맺지 않고 자력으로 살아가면 된다.

제2조 : 체약 쌍방은 쌍방 중 어느 일방에 대한 어떠한 국가로부터의 침략이라도 이를 방지하기 위하여 모든 조치를 공동으로 취할 의무를 지닌다. 체약 일방이 어떠한 1개 국가 또는 수개 국가들의 연합으로부터 무력침공을 당함으로써 전쟁상태에 처하게 되는 경우, 체약 상대국은 모든 힘을 다하여 지체 없이 군사적 및 기타 원조를 제공한다.

제3조 : 체약 쌍방은 체약 상대방을 반대하는 어떠한 동맹도 체결하지 않으며, 체약 상대방을 반대하는 어떠한 집단과 어떠한 행동 또는 조치에도 참가하지 않는다.

이것은 1961년 체결되어 아직도 유효한 북·중 동맹조약(조중 우호협력상호원조조약) 규정이다. 이런 것이 바로 동맹조약이다. 중국은 제2조에 따라 한반도 전쟁 재발시 북한에게 파병, 무기지원, 병참지원 등 군사원조를 제공해야 한다. 이것은 한미 동맹조약에는 없는 이른바 「자동개입조항」이다. 또한 중국은 제3조에 따라 2010년 천안함 폭침에 대한 유엔안보리 성명에서 북한을 가해자로 명기하는 데 반대했고, 연평도 피격 사건의 유엔안보리 상정에도 반대하여 이를 관철했다.

중국 관변학자들은 북중 동맹조약이 사실상 사문화되었고 한반도 전쟁이 재발해도 중국은 파병하지 않을 것이라고 말들 하지만, '온힘을 다하여 지체 없이' 지원해야 한다는 의무조항을 그리 쉽게 무시할 수는 없다. 중국은 원한다면 과거 러시아가 1990년대 초에 그랬던 것처럼 이 조약을 폐기할 수도 있을 것이나, 북한과의 동맹이 국익에 합치된다는 판단으로 현재도 이 조약을 그대로 유지하고 있다.

이와 비교할 때 한미 상호방위조약에 규정된 상호원조 조항은 아래와 같이 대단히 취약하고, 유사시 미군이 의무적으로 자동 개입한다는 보장도 없다. 미군의 참전 여부는 전적으로 미국 정부의 정치적 판단 여하에 달려있다.

제3조 각 당사국은 .... 타당사국에 대한 태평양지역에 있어서의 무력공격을 자국의 평화와 안전을 위태롭게 하는 것이라 인정하고 공통한 위험에 대처하기 위하여 각자의 헌법상의 수속에 따라 행동할 것을 선언한다.

20세기 초 독일제국은 북중 동맹조약과 유사한 견고한 동맹조약을 오스트리아와 체결하고 있었고, 러시아는 발칸의 소국 세르비아와 동맹관계였다. 그런데 오스트리아와 세르비아 사이의 다툼으로 양측 간에 전쟁이 발발함에 따라 독일과 러시아는 동맹조약상의 의무에 따라 자동으로 참전하게 되었고, 러시아와 준동맹 상태이던 영국과 프랑스까지 덩달아 연쇄적으로 참전하게 되었으니, 이것이 바로 940만 명의 전사자를 낸 제1차 세계대전의 시작이었다.

독일, 오스트리아와 함께 '삼국동맹'의 일원이었던 이탈리아는 마지막 순간에 동맹조약을 파기하고 동맹에서 이탈하여 반대진영인 연합국 측에 가담했다. 그 덕분에 이탈리아는 제1차 세계대전의 전승국이 되기는 했었으나, 그러한 이탈리아의 변심을 세상 사람들은 길이 기억하고 있다.

한국에서 신정부가 출범할 때면 거의 예외 없이, 그리고 별 실속도 없이 으레 중국을 향해 진한 러브콜을 보내곤 한다. 2015년 9월 중국의 항일전쟁 및 세계반파시스트 전쟁 승전 70주년 기념 열병식에 참석한 박근혜 대통령이 시진핑 주석, 푸틴 대통령과 나란히 서서 인민해방군을 열병하는 모습을 보고 한국의 중국애호가들은 열광했겠지만, 미국과 일본은 그 광경을 보고 무슨 생각을 했을까? 그것을 바라보는 그들의 심정은 아마도 미국 대통령이나 일본 총리가 김정은 옆에 나란히 서서 조선인민군을 사열하는 모습을 볼 때 우리가 느끼게 될 감정과 유사하지 않았을까?

2013년 말 방한한 바이든Biden 미국 부통령은 박근혜 정부의 친(親)중국 정책을 겨냥하여 "미국의 반대편에 서는 것은 좋은 배팅이 아니다It's never been a good bet to bet against America."라고 공개적으로 점잖게 한마디 했지만, 아무 실질적 소득이 없었던 한중 밀월관계는 동맹국 정부의 의구심과 배신감을 초래했을 뿐이었다.

그 결과 한국의 중국경사론에 대한 미국 내 공감대가 확산되었고, 한·미·일 삼각관계에서 미국이 결정적으로 일본으로 경사되는 결과도 초래되었다. 또한 장차 중국의 패권에 대비하기 위한 미국 학계의 대아시아 정책 논의에서 한국의 모습은 자취를 감추게 되었다.

동맹은 각 국가의 주권적 선택이다. 따라서 만일 한국이 한미동맹과 주한미군 없이 자력으로 동북아에서 생존하기를 원한다면 그것은 자유다. 한국이 한미동맹 대신 한중동맹을 택하기로 결정한다 해도 그 역시 자유로운 주권적 결정일 뿐이다. 아무도 그것을 막을 나라는 없다. 그러나 그럴 의지도 없이 양 진영 사이를 수시로 배회하는 것은 동맹의 세계에서 용인되기 어렵다.

　동맹을 유지하면서 동맹국의 가상적국과도 거래를 하여 중간에서 균형자 역할을 하겠다는 건 동맹에 대한 배신으로 간주될 수밖에 없다. 동북아시아의 첨예한 대립과 대치의 숲에서 한국이 굳이 세력균형을 위한 균형자 역할을 하려면, 그에 앞서 먼저 기존의 동맹관계를 헐고 동맹의 의무에서 벗어나는 것이 마땅한 수순일 것이다.

3

중국의 패권시대는
도래할 것인가?

　최근 중국의 급속한 경제성장과 공세적 대외정책으로 인해, 국제사회에는 오간스키 교수가 1958년 발표한 세력전이론에 대한 관심이 뜨겁다. 중국이 미국을 추월하여 새로운 패권자가 되는 세력전이가 과연 실제로 일어날 것인지, 그리고 일어난다면 언제 어떤 형태로 일어날 것인지에 관해 논의가 분분하다.

　중국은 19세기 중반 아편전쟁 패배로 아시아에서 패권을 상실할 때까지 수천 년간 아시아에서 패권을 유지했었고 '세상의 중심'이었다. 그후 100년간 서구열강과 일본의 침탈을 겪고 40년간의 동서냉전 와중에 미국과 소련 틈새에서 종속변수로 살기는 했으나 그것은 중국 역사에서 극히 짧은 기간에 불과했다. 시진핑 주석은 2012년 중국공산당 총서기 취임사에서 '중화민족의 위대한 부흥'을 약속했다. 이는 아편전쟁 이후 한 세기 반에 걸친 굴곡의 역사를 극복하고 패권국 지위를 회복하여 과거의 영광을 재현하겠다는 의지를 담고 있다.

이러한 중국의 자신감은 무엇보다도 중국의 급속한 경제성장에 근거를 두고 있다. 중국의 GDP는 1990년 미국의 6.7%에 불과했으나 2008년에는 미국의 30.9%가 되었고, 2010년에는 일본을 추월하여 세계 2위로 올라섰으며, 2017년에는 미국 GDP의 61.7%로 바짝 추격해 올라왔다. 이 추세가 지속된다면 2020년대 말에는 미국과 중국의 GDP가 역전되는 상황이 예상되고 있다.

중국이 장차 미국을 대체하는 패권국이 될 것이라는 가설은 주로 이러한 경제적 수치에 근거를 두고 있다. 한국 국내에서도 많은 중국 전문가들이 다가올 '중국의 시대'에 대한 다양한 견해들을 제시하고 있다. 이들은 앞으로 다가올 중국 패권의 시대에 대비하여, 한미동맹 일변도의 안보정책을 수정해 균형외교를 해야 하며, 중국과의 정치적 관계를 더욱 격상해야 한다는 의견이다.

그러나 이러한 미중 세력전이 가설에 대한 반론도 만만치 않다. **첫째,** 중국의 경제성장률이 하강세로 전환됨에 따라 미국의 GDP를 추월하는

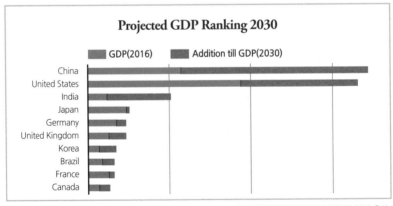

EU 집행위원회의 2030년 주요국 GDP 추산

데 상당히 오랜 세월이 걸릴 것이라는 예측이다. **둘째,** 새로운 패권국이 되기 위해서는 경제적 우위만으로는 불가능하며 군사력의 우위가 반드시 수반되어야 하는데, 설사 중국의 GDP가 미국을 추월하더라도 군사력까지 미국을 추월하려면 수십 년의 장구한 세월이 필요하리라는 점이다. **셋째,** 국제사회의 리더가 되려면 경제력과 군사력 뿐 아니라 세계를 이끌어 갈 새로운 비전이나 세계관을 갖고 있어야 하나, 중국은 국제사회를 리드할만한 특별한 가치관을 제시하지 못하고 있다는 점이다. 조셉 나이Joseph Nye 교수는 중국이 GDP 수치상 미국을 추월하더라도 소프트파워(연성권력)의 결함으로 인해 결코 패권국가가 되지 못하리라고 단언한다.

중국 경제력이 2020년대 후반 미국을 추월하리라는 분석은 매년 10% 이상의 고속성장 지속을 전제로 한 것이었다. 그러나 이미 6%대로 하락한 경제성장률, 높은 물가상승률과 임금상승률, 인구증가율의 급속한 감소 등을 감안할 때, 중국의 경제력이 미국과 대등해질 시기는 빨라야 2035~40년이 되리라는 예측이 제기되고 있으며, 2050년이 되어도 미국을 추월하지 못하리라는 견해도 있다.[5] 경제력 상승에 따른 정치적 민주화 요구, 빈부격차에 따른 사회불안, 노동 분규 등 경제외적 요인까지 감안한다면 더 늦어질 수도 있다.

또한 미국과 중국의 현저한 국방예산 격차에 비추어 볼 때, 설사 중국이 미국의 경제력을 추월한다 해도 군사력까지 추월하는 데는 훨씬 오랜 세월이 필요할 전망이다. 미국은 19세기말에 이미 세계 최대의 경제

---

5 2017.5.18., KDI 북한경제연구부, 「동북아 국제질서의 변화와 우리의 대응전략」.

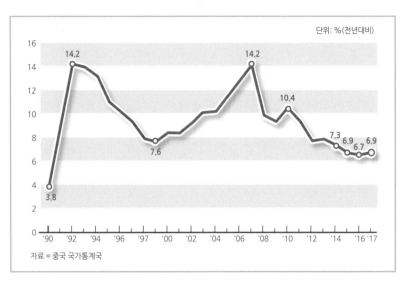

단위: %(전년대비)

자료 = 중국 국가통계국

중국 연도별 GDP 성장률

대국이 되었지만 그 후로도 20~30년 동안 국제정치 무대에서 큰 역할을 하지 못했다. 미국이 제1차 세계대전을 통해 영국을 대신하는 패권자로 등장한 것은 루즈벨트Theodore Roosevelt 대통령과 윌슨 대통령 시대에 군사력 증강에 막대한 투자를 하고난 후부터였다.

2018년 현재 미국 국방예산은 중국의 4배이며, 주요 군사력도 미국이 압도적으로 우세하다. 설사 언젠가 중국의 실질 군사력이 미국과 대등해지는 시기가 오더라도, 미국의 동맹세력인 NATO, 일본, 인도 등의 군사력까지 감안한다면, 중국 군사력이 글로벌무대에서 미국을 추월하는 데는 수십 년의 세월이 필요할 것이다.

조셉 나이가 제기한 소프트파워 문제도 매우 중요한 요소이다. 과거한 시대를 풍미했던 로마, 영국, 미국 등 패권국들의 예를 보면, 그들이 단순히 경제력이나 군사력만으로 세계를 지배한 것이 아니라, 다른 나라들을 매료시키고 스스로 추종하게 하는 어떤 보편적 시대정신이나 이념, 가치관, 문화 같은 것들, 즉 소프트파워를 보유하고 있었음을 볼 수 있다. 그러한 소프트파워가 없이 단지 총칼로 일어섰던 몽골, 스페인, 포르투갈, 독일제국, 일본제국 등의 위세는 단명했고 다른 나라들을 진정으로 복속시키지도 못했다.

조셉 나이에 따르면, 소프트파워는 문화, 정치적 가치, 대외정책 등 세 가지로 구성된다. 다시 말해서, 다른 나라들에게 호감을 주는 문화를 보유해야 하고, 국내외적으로 표방하는 가치가 호소력이 있어야 하며, 또한 대외정책면에서 정당하고, 도덕적으로 다른 나라들로부터 인정받을 만한 정책을 추구해야 한다는 것이 그의 주장이다.

그러나 중국이 남중국해에서 섬의 영유권을 놓고 동남아 약소국들을 군사력으로 위협하는 상황에서는 이런 전략은 성공하기 어렵다. 또한 중국 국내에서 민족주의가 기승을 부리고 당의 통제라는 고삐가 강하게 유지되는 한 소프트웨어는 위축된 상황에 놓여있을 수밖에 없다.[6]

패권국가가 표방하는 소프트웨어는 오랜 옛날부터 군사력 못지않게 매우 중요했고, 때로는 역사상 중요한 전쟁의 승패를 결정짓는 요인이 되기도 했다. 18세기 말 프랑스대혁명과 나폴레옹 시대를 통하여 프랑스는 경제력과 군사력에서 공히 다른 유럽 국가들을 압도할 만한 힘을 가진 패권자였다.

그러나 프랑스가 표방하는 '자유주의' 이념에 어느 다른 나라도 동조하지 않고 프랑스의 패권을 인정하지 않았으며, 반프랑스 연합을 형성

---

6 조셉 나이, 『미국의 세기는 끝났는가』, 서울: 프리뷰, 2015, pp. 96-97.

해 끝까지 저항했다. 프랑스군은 유럽 연합군을 여러 차례 격파했으나 끝내 동조세력을 얻는 데 실패하여 결국 패배했고, 유럽은 곧 프랑스 혁명 이전의 상태로 되돌아갔다.

그보다 2천 년 앞선 기원전 3세기말 카르타고군의 로마 침공으로 시작된 제2차 포에니전쟁 당시, 한니발의 군대는 압도적 전투력으로 무려 16년간이나 이탈리아 반도를 종횡무진 유린하면서, 수십 개에 달하던 로마연합 소속 국가들을 카르타고 진영으로 포섭하여 로마를 와해시키려 노력했다. 그러나 로마의 포용성과 개방성, 관용성에 매료되었던 로마연합 구성국들은 16년간의 고난에도 불구하고 대부분 끝까지 로마의 편에 남았고, 수십 개의 도시국가들 중 3개 도시만이 카르타고에 투항했다. 그 때문에 카르타고의 로마 정복은 실패로 끝났고 결국 이로 인해 카르타고의 멸망이 초래되었다.

패권국이 되기 위해서는 경제력, 군사력, 소프트파워를 갖추어야 한다는 위의 논점에 비추어 볼 때, 중국이 2020년대 후반에 미국을 추월하여 패권국이 되리라는 학계 일각의 가설은 다분히 그들의 희망사항이 가미된 낙관적 분석인 것으로 보인다. 중국이 미국의 경제력에 이어 군사력까지 추월하는 날이 언젠가 올지도 모르나 그것은 최소 30~40년 후의 일이 될 것이다. 그러나 설사 그런 일이 발생하더라도 다른 나라들이 중국을 새로운 패권자로 인정하고 추종하지 않는 한 중국의 패권시대가 시작되는 것은 아니다.

더욱이 군사력과 군사적 영향력의 달성은 경제력이 상승한다고 곧바로 이룩되는 것이 아니라 긴 세월에 걸친 투자와 노력을 필요로 한다.

제2차 세계대전 이래 미국은 군사력에 GDP의 상당부분을 투자해 범세계적 군사력을 구축했고, 한국과 같이 안보상의 위협을 받는 나라들을 조건 없이 지원하는 데도 적극적이다. 그 결과 2017년 현재 NATO(29개 회원국) 및 16개국과 군사동맹을 맺었고, 59개국의 미군기지에 약 15만의 병력을 파견하고 있다.

이에 비해 중국군은 장거리 작전능력이 없어 그 작전반경이 중국 영토와 근해를 벗어나지 못하고 있고, 해외 기지는 아프리카 동북단의 지부티 한 군데뿐이다. 현재 중국군 약 3만 명이 해외파병 되어 있으나, 그 역할은 유엔평화유지군PKO과 아덴만/소말리아 해역의 해적퇴치 임무에 국한되고 있다. 동맹국은 세계의 문제아인 북한이 유일하고, 파키스탄과 동맹에 준하는 군사협력관계를 맺고 있을 뿐이다.

또한 중국은 국제평화 유지를 위한 유엔주도 다국적군에 한 번도 동참한 바 없고, 한국전쟁 때 북한군을 도와 한반도 통일을 저지한 것 외에는 한 번도 다른 나라 또는 국제적 대의를 위해 피를 흘린 일이 없다. 1979년에는 캄보디아를 침공한 베트남을 응징한다는 명목으로 60만 대군을 동원해 베트남을 침공했으나, 민병대로 구성된 베트남군에게 형편없이 참패를 당하는 망신을 겪은 바 있다.

물론 향후 중국의 군사력이 계속 증강되면 수십 년 후에는 동아시아와 같은 제한된 지역에서 미국에 필적하는 군사력을 보유할 수도 있을 것이다. 그러나 중국이 현재 남중국해에서 벌이고 있는 영토 확장 캠페인처럼 오로지 자신의 이익을 위해 힘을 남용하게 되면 다른 나라들이 반중국 전선을 형성하여 중국을 견제하는 것을 막을 수 없을 것이다.

앞으로 아시아에서 중국의 힘이 얼마나 강해지건 간에, 중국과 숙명적으로 적대할 수밖에 없는 일본과 인도는 미국의 강력한 동맹으로 계속 남을 것이며, 중국이 이 세 나라의 군사력을 동시에 상대하기는 어려울 것이다. 미국과 중국 간 대결에서 미국과 손을 잡을 것으로 예상되는 베트남 또한 중국이 무시할 수 없는 강적이다.

중국이 장차 동아시아 또는 세계의 패권국이 되고자 하는 야심이 있다면, 현재와 같이 자신의 경제적 이익과 영토적 야심에만 탐닉하지 말고 세계의 다른 나라들이 인정할만한 정의롭고 도덕적인 처신을 해야 할 것이다. 특히 남중국해의 사례에서 보듯이 중국의 부당한 이익을 위해 주변 약소국들에게 몽둥이를 휘두르는 일은 절대 없어야 할 것이다.

아울러 구시대적 공산주의 체제와 중화민족주의에서 탈피하여 개방적이고 보편적인 새 시대의 정신을 국제사회에 제시해야 할 것이다. 중국의 국력과 군사력이 아무리 신장된다 하더라도, 구시대의 유물인 공산주의와 일당독재체제를 보편적 가치관으로 표방한다면 중국은 결코 세계의 새로운 패권자가 될 수 없다. 기껏해야 친중국 진영과 반중국 진영이 대립하는 제2의 냉전시대를 야기할 뿐일 것이다.

"역사적 사실들을 반성적으로 고찰할 때 우리가 발견하게 되는 것은 '인간 자유의 진보적 성취'이다."라고 헤겔Hegel이 말한 바와 같이, 새로운 패권자가 국제사회에 제시할 이념 또는 가치관은 현재의 패권자인 미국의 가치관보다 더욱 진취적이고 자유지향적인 것이어야 한다.

따라서 중국이 다음 시대의 새로운 패권자가 되고자 한다면, 최우선적으로 역사의 자유주의적 진보에 역행하는 공산주의 이념과 체제를 포기하는 데서 시작해야 할 것이다. 또한 공산주의 이념의 수호를 위해 북한과 같은 시대착오적 정권을 비호하고 보호하는 일도 그만 중단해야 할 것이다. 만일 그리되지 못한다면 설사 중국의 경제력이 언젠가 미국을 추월한다 하더라도 중국의 범세계적 패권시대는 결코 도래할 수 없을 것이다.

4

중국은 우리에게
미국의 대안인가?

한국인들은 중국에 대해 유난히 막연한 기대와 환상이 많다. 학계와 정계 인사들은 더 그렇다. 마늘사태, 동북공정, 이어도 문제, 연평도 포격사건, 사드 제재를 겪고도 중국의 실체에 대한 환상이 아직도 우리 가슴에 남아있다. 오랜 과거 시절로 되돌아가려는 타성적 역사의식 때문일까? 아니면 우리 잠재의식에 숨어있는 사대주의의 발로일까? 그것도 아니면 중국의 우산 아래서 북한에게 좀 더 가까이 다가가려는 민족주의적 정서 때문인가?

중국에 대한 한국인들의 상이한 인식은 한국사회의 이념적 분단과도 궤를 같이 한다. 많은 사람들에게 있어서 북한에 대한 인식과 시각은 중국에 대한 시각에 거의 그대로 투영되곤 한다. 말하자면, 중국에 대한 호불호는 국제정치적 시각이나 이해관계에 따라 결정된다기보다는 다분히 그 사람의 이념적 성향을 반영하는 경우가 많은 것이 현실이다.

한국사회에서 친중국 인사들이 내세우는 중국중시론의 논거는 대체로 세 가지다.

첫째, 한국의 최대 무역국인 중국의 경제적 영향력을 감안하여, 한미 동맹 기조는 유지하되 중국과의 정치적 관계를 최대한 격상할 필요가 있다는 논리다. 말하자면 경제적 이익을 지키기 위해 일부 유럽 국가들처럼 안보정책과 외교정책을 분리하자는 주장이다. 이는 박근혜 정부의 정책과도 유사한데, 문제는 한국처럼 안보를 남에게 의존하는 나라에서 안보정책과 외교정책의 완전한 분리가 과연 가능한가 하는 것이다.

둘째, 중국의 국력신장에 따른 G2체제와 앞으로 도래할 중국 패권시대에 대비하여 미국 일변도의 안보정책에서 미중 균형외교로 전환해야 한다는 논리다. 말하자면 중국의 패권시대에 선제적으로 대응하기 위해 미중 사이에서 일찌감치 중립 또는 친중국 노선으로 전환하여 중국의 환심을 사두어야 한다는 주장이다. 사대주의적 냄새가 물씬 풍기는 성급한 주장이다.

셋째, 한반도 통일에 대비하여 중국이 통일한국에 대해 거부감이나 의구심을 갖지 않도록 우리의 대미 편향외교를 수정하여, 우리의 한반도 정책에 중국의 이해가 적절히 반영되도록 해야 한다는 논리다. 이 논리는 담론차원에서는 그럴싸해 보이나 대단히 큰 위험성을 내포하고 있다.

중국은 우리의 희망사항과는 달리 북한의 엄연한 동맹국으로서, 기본적으로 한국 주도의 한반도 통일을 원치 않는 나라다. 따라서 중국이 지지하는 통일한국은 북한의 이해가 대부분 또는 상당부분 반영된 형태일 수밖에 없다. 우리가 중국과 친해지면 중국이 이러한 기조를 바꾸어 우리 쪽으로 건너오리라 기대하는 것은 너무도 순진한 생각이다. 우리가 그런 생각에서 중국과 접근한다면, 중국으로부터 얻는 것보다는 동맹국인 미국으로부터 잃는 것이 훨씬 많을 것이다.

동맹이란 고도의 정치적 선택이다. 일단 선택을 하면 그 선택에 구속된다. 동맹관계는 우리가 편할 때만 꺼내 쓰고 주머니에 넣어 둘 수 있는 편의적 대상물이 아니다. 한국이 분쟁국인 일본과 러시아 사이에서, 이스라엘과 시리아 사이에서, 중국과 베트남 사이에서 중립적 외교를 할 수는 있을 것이다. 그러나 한국이 동맹국인 미국과 그 가상적국 중국 사이에서 이른바 균형외교를 할 방법은 없다. 그 이유는 한국이 한미동맹조약을 통해 미국과 행동을 함께 하기로 서약을 했기 때문이다.

논문이나 연설, 세미나에서 '한미동맹을 확고히 하는 동시에 중국과의 정치적 관계를 최대한 격상' 운운하는 상투적 표현을 접하면 그럴싸하고 멋있어 보이지만, 그건 단지 환상이고 탁상공론일 뿐이다. 현실세계에서 그런 선택은 통용되지 않는다. 배신자로 낙인찍히든지 혹은 양쪽 모두에게 불신받기 십상이다. 그러기에 그런 외교를 수십 년간 해와도 한중관계에 별 진전은 없고, 미국 쪽에서 불신에 찬 볼멘소리만 나오는 것이다.

선택의 폭은 매우 좁다. ①미국과의 견고한 동맹체제를 유지하든가, 그것이 잘못이라고 판단되면 ②동맹을 파기하고 중립으로 남아 두 진영 사이에서 균형외교를 하든가, 아니면 한걸음 더 나아가 ③중국과 손을 잡고 한중동맹 체제로 나가는 세 가지 길만이 우리 앞에 놓여 있다. 동맹의 세계에는 양다리 걸치기식 선택은 없다.

만일 우리가 한미동맹 이외의 다른 대안을 모색하게 될 경우, 과연 중국은 우리에게 있어 미국을 대체할 대안이 될 수 있을 것인가? 그 가능성 여부를 네 가지 측면에서 검토해 보기로 하자.

첫째, 중국은 미국을 대신하여 한반도에서 한국의 핵심적 이익을 보호하고 한반도 유사시 한국을 위해 피를 흘려줄 것인가? 천만의 말씀이다. 중국은 북한의 동맹국이며 혈맹이다. 아무리 중국이 경제개방을 통해 자본주의 요소를 많이 도입했다 하더라도 중국공산당이 지배하는 중국의 정치, 외교, 안보 체제는 예전 그대로다.

따라서 중국은 자신의 지정학적 이해와 국내정치 여건상 한반도 문제에 있어 북한의 입장을 우선적으로 고려할 수밖에 없고, 통일 문제에 있어서도 북한이 주도하는 한반도 통일을 선호할 가능성이 크다. 그것은 동맹국인 북한에 대한 배려 때문이라기보다는 북한 주도하의 한반도 통일이 중국의 국익에 보다 합치되기 때문이다.

둘째, 한국이 미국에게서 떠나면 중국은 한반도 긴장완화의 대가로 북한 핵문제의 진정한 종식을 위해 총력을 기울일 것인가? 그럴 가능성은 거의 없다. 한반도에 있어서 중국의 최대 관심사는 무엇보다도 북한의 생존과 체제유지다. 그것은 중국 자신의 안보를 위한 선택이다. 만일 북한의 비핵화가 북한의 체제유지나 생존과 양립할 수 없다면 중국은 차라리 핵을 보유한 북한을 선호할 것이다.

유엔 등 국제무대에서 북한에 대한 제재와 압박을 견제하고 비호하는 역할도 계속될 것이다. 2018년 9월 유엔 안보리에서 개최된 북한 핵문제 관련 장관급회의에서 중국 외교부장은 벌써부터 북한에 대한 유엔 제재 조치의 해제를 주장하기 시작했다. 이는 물론 동맹국 북한의 요청이 반영된 발언이었을 것이다.

셋째, 중국과 보다 진전된 관계를 맺음으로써 한국은 서양중심적 가치를 능가하는 어떤 동양적 가치 혹은 미래의 어떤 새로운 '가치'를 중국과 함께 공유하고 이를 함께 구현해 나갈 수 있을 것인가? 현재까지 중국이 국제사회에 제시한 그러한 가치는 없다.

중국이 신장된 국력을 바탕으로 국제사회에서 제기하고 있는 사안들은 대부분 중국 자신의 이익, 영향력이나 영토 확대와 관련된 것들일 뿐, 다른 나라들과 더불어 추구해 나갈 보편적 가치나 세계관 같은 개념은 제시된 바가 없다. 중국이 제창한 「일대일로」 정책이나 아시아인프라투자은행AIIB 창설도 기본적으로는 세계 개도국들에 대한 중국의 정치적, 경제적 영향력 확대를 목적으로 하는 것이다.

넷째, 한국이 미국 대신 중국과 관계를 맺으면 한국은 주한미군 주둔에 따른 미국의 영향력에서 벗어나 진정한 자주독립을 누릴 수 있을 것인가? 천만의 말씀이다. 현재 중국이 한국에 대해 그나마 신경을 쓰는 이유는 한국의 등 뒤에 미국의 힘이 버티고 있기 때문이다. 따라서 한국이 미국과 결별하는 순간부터 우리는 가면을 벗어던진 중국의 민낯과 대면해야 할 것이다. 중화민족주의의 부흥을 꿈꾸고 한국을 과거의 '속방'으로 인식하는 중국은 청일전쟁 이전의 청국이 조선에게 그랬듯이 상당한 간섭을 할 가능성이 있다. 한국에 북한과는 별개의 사회주의 정권을 세워 위성국화 하려 할지도 모른다.

구한말 우리 조상들은 미국과의 협력에 각별한 관심을 갖고 있었다. 그것은 당시 조선에 진출한 열강들 중 '영토적 야심이 없는 유일한 나라가 미국'이라는 인식 때문이었다. 당시 중국은 일본, 러시아와 더불어 한국에 대한 영토적 야심이 가장 큰 나라 중 하나였고, 1894년의 청일전쟁은 한국 영토를 독식하기 위한 청국과 일본 간의 제국주의 전쟁이었음을 잊어서는 안 된다. 중국이 그 전쟁에서 패했다고 해서 일본보다 더 나은 건 아니었다.

한국이 중국 영향력 하에 들어간다면, 분쟁지역인 이어도에 대한 관할권 요구는 물론이고, 한중 사이의 대륙붕경계, 어업경계선, 배타적 경제수역EEZ 경계도 한국 쪽으로 많이 이동해야 할 것이다. 중국은 자국의 크고 작은 이익을 위해서는 국제법도, 국제적 관행도, 국격이나 도덕성도, '대국'의 체통도, 과거의 친분이나 의리도 신경 쓰는 나라가 아님을 우리는 사드사태를 통해 뼈저리게 경험했다.

오랜 세월 중국에 대한 막연한 환상과 호감에 젖어있던 우리로서는 그나마 사드사태를 통해 중국의 벌거벗은 실체를 경험할 수 있었던 것이 하나의 커다란 축복이었는지도 모른다. 지금 우리 이웃에 실재하는 중국은 우리가 과거 생각해 온 중국이 아니다. 우리가 깨어있지 않으면 구한말의 역사가 일본이 아닌 중국으로부터 다시 반복될 수도 있다.

5

북·중 동맹은
얼마나 건재한가?

중국과 북한의 관계는 베일에 싸여있다. 양국관계가 극히 냉랭하고 위태로운 듯 보이다가도 좀 지나면 어느새 얼싸안고 오랜 사회주의 동지들 사이의 우정을 나누곤 한다. 자유민주주의 세계의 친소관계 개념에 물든 우리는 공산국가들 간에 통용되는 그러한 짙은 동지애의 속성을 잘 이해하지 못한다.

중국 대륙의 어디를 가도 중국과 북한 관계의 실상을 보여줄 만한 단서는 거의 찾을 수가 없다. 기껏해야 중국 대도시에서 외화벌이 영업 중인 북한식당이나 베이징공항의 고려항공 민항기 정도가 고작이다. 다만 한군데, 압록강 하구에서 북한으로 들어가는 국경도시 단둥(丹東)에 가면 북중관계의 과거와 현재의 모든 것이 박물관처럼 펼쳐져 있다.

단동 시내를 끼고 굽이쳐 흐르는 압록강 강변에 서면, 한국전쟁 당시 미군 공습으로 동강난 압록강단교가 눈앞에 펼쳐지고, 그 입구에는 1950년 10월 펑더화이(彭德懷) 중국 인민지원군 사령관이 '미군의 침략에 처한 북조선을 구원하러' 압록강 건너 출병하는 우람한 동상이 서 있다. 그 뒤편으로는 '항미원조기념탑'이라는 덩샤오핑의 친필 휘호가 새겨진 높이 53m의 승전기념비와 커다란 기념박물관이 위치하고 있다. 중국은 이 전쟁에 130개 사단 135만 명의 병력을 투입해 그 중 약 20만 명이 전사 또는 실종되었다.

'미 제국주의의 북조선 침략 격퇴', 그리고 그 투쟁에서 함께 싸웠던 '혈맹' 북한 – 이것이 한반도 문제에 대한 중국 정부와 관변학자들의 인식의 출발점이다. 북중 동맹조약은 사실상 사문화되었다는 중국 관변학자들의 주장에도 불구하고 중국 정부는 아직 이를 충실히 이행하고 있다.

북중동맹은 중국의 대한반도 정책의 근간인 동시에 북중관계의 아킬레스건이기도 하다. 중국은 국제사회에서 많은 소동을 일으키고 있는 북한과의 동맹조약을 부담스러워 하고는 있으나, 혈맹관계의 역사와 이념적 동질성 및 대외안보 여건상 이를 폐기하거나 축소하려는 움직임은 확인된 바 없다.

중국 정부는 북한의 핵 개발과 미사일 개발이 국제적 현안으로 부각된 1990년대 이래 일관되게 북한을 비호해 왔고, 유엔 안보리에서 강력하고 실효성 있는 제재결의가 채택되지 않도록 부단히 노력해 왔다. 중국은 또한 2010년 천안함 폭침에 대한 유엔안보리 의장성명 채택 시 가해자를 북한으로 명기하는 데 반대하여 이를 관철시켰으며, 연평도 포격 사건의 유엔안보리 상정도 중국의 반대로 실현되지 못했다. 북한에 대한 중국 정부의 이런 확고한 외교적 지원은 앞에 설명한 북중 동맹조약 제3조와 밀접한 관련이 있다.

제3조 : 체약 쌍방은 체약 상대방을 반대하는 어떠한 동맹도 체결하지 않으며, 체약 상대방을 반대하는 어떠한 집단과 어떠한 행동 또는 조치에도 참가하지 않는다.

중국은 북중관계를 순망치한(脣亡齒寒, 입술이 없으면 이가 시리다)의 관계로 본다. 한국전쟁 당시 중국이 참전을 한 것도 전적으로 같은 이유에서였다. 이 때문에 북한의 제반 문제점들과 냉랭한 북중관계, 한국과의 실질관계 확대에도 불구하고, 중국은 전통적 북중관계의 끈을 놓지 않고 사회주의 맹방 북한과의 전략적 협력관계를 유지하고 있다. 중국은 또한 수십 년간 북한에 대해 연간 수십만 톤 규모의 원유, 석탄, 식량 무상지원을 계속하고 있는 것으로 알려져 있다. 금액으로 따지면 연간 수억 달러 규모다.

북한 핵문제와 관련해서도 중국은 줄곧 북한을 비호해 왔다. 중국이 10차례에 걸친 유엔의 대북제재 결의 표결 시 항상 찬성해 온 이유는 그렇게 함으로써 사전협상을 통해 북한에게 과도한 압력이 될 조항을 사전에 제거하고 비교적 무난한 제재결의를 채택하기 위한 것이었다.
만일 미국이 북한 핵문제를 협상이나 제재를 통해 해결하지 못하고 무력을 동원하게 될 경우, 그로 인한 가장 큰 피해자이자 희생자는 북한보다 중국이 될 것이다. 미국과 북한 사이에 무력분쟁이 발생하는 경우, 중국은 북한과의 동맹조약 제2조 자동개입 조항에 따라 북한에게 군사원조를 제공해야 할 의무가 있고 중국은 이 의무를 무시할 수는 없을 것이다.

제2조 : 체약 쌍방은 쌍방 중 어느 일방에 대한 어떠한 국가로부터의 침략이라도 이를 방지하기 위하여 모든 조치를 공동으로 취할 의무를 지닌다. 체약 일방이 어떠한 1개 국가 또는 수개 국가들의 연합으로부터 무력침공을 당함으로써 전쟁상태에 처하게 되는 경우, 체약 상대국은 모든 힘을 다하여 지체 없이 군사적 및 기타 원조를 제공한다.

중국이 동맹조약에 따라 북한에 병력을 파병하건, 무기를 제공하건, 군수물자를 제공하건, 어떤 형태로건 직접 개입하는 일이 발생한다면 중국은 전면금수조치를 포함한 미국의 전시 제재조치에 직면하게 될 것이며, 이는 중국 경제의 심각한 파탄을 초래하게 될 것이다. 이 때문에 중국 정부로서는 미국이 북한에 대해 군사적 조치를 취하는 것을 모든 수단을 동원해 저지할 수밖에 없는 입장에 처해 있다.

어떤 분석가들은 장성택 처형 후 중국과 북한 사이의 냉랭한 관계를 북중관계 균열의 조짐으로 보기도 하고, 중국이 유엔 안보리에서 대북한 제재조치에 찬성표를 던지는 것을 북중관계 후퇴의 중요한 지표로 간주하기도 한다. 그러나 그것은 근거 없는 추측이다.

북중관계는 1950년대부터 현재까지 거의 항상 냉랭했고, 양국관계의 냉랭함이 특별히 새로운 것은 아니다. 특히 김일성은 한국전쟁 당시 중국에게 큰 신세를 졌고 전후복구도 대부분 중국에 의존했음에도 불구하고, 시종일관 중국을 무시하고 경계하는 '주체적' 태도를 바꾸지 않았던 것으로 유명하다.

한국전쟁 당시 북한군은 개전 3개월 만에 유엔군의 북진으로 거의 궤

멸상태에 이르렀고, 중국군의 개입이 유일한 희망이었다. 그러나 펑더화이(彭德懷) 중국 인민지원군 사령관이 1950년 10월 전황에 대한 구체적 사전정보도 없이 대군을 이끌고 무작정 압록강을 건넜을 때 북한 쪽에서는 이를 뻔히 알면서도 아무도 마중을 나오지 않았고, 펑더화이가 박헌영을 통해 독촉한 후에야 몇 시간 만에 북한 측 영접인사가 나타났다고 한다.

또한 휴전 후 중국군의 후광으로 친중파가 득세하자, 김일성은 40만 명의 중국군이 북한에 진주하고 있는 시기에 친중 세력인 연안파에 대한 전면숙청을 단행하기도 했다. 김정은이 집권 직후 중국의 정치적, 경제적 지원이 절실한 상황에서 친중 세력의 대표 격인 장성택을 처형한 것은 그러한 미묘한 북중관계의 연장선상에 있다고도 볼 수 있다.

그럼에도 불구하고 중국이 북한에 대한 강한 애착을 버리지 못하고 있는 것은 북한의 요청에 따른 것이 아니라 중국 자신의 필요와 전략적 선택에 따른 것이다. 북한에 대한 중국 정부의 이러한 애착은 중국의 대외정책에 있어 절대적 영향력을 행사하는 공산당의 대외정책에서 북한이 차지하는 커다란 비중을 반영한다. 북한은 중국, 쿠바, 베트남, 라오스와 더불어 지구상에 단 5개 남은 공산국가다. 중국공산당에게 있어 북한은 단순히 보호대상이 아니라 동북아시아 전략의 핵심요소 중 하나다.

중국에게 있어 한국과의 관계는 이익의 관계이고 북한과의 관계는 동맹과 동지애의 관계다. 한국에 대한 중국의 사드 보복에서 볼 수 있듯이 이익의 관계는 언제든 팽개칠 수 있지만, 중국의 중대한 국가이익이 걸린 동맹관계는 쉽사리 무시할 수 없다. 따라서 중국은 한국과 북한 중

택일을 할 수밖에 없는 상황에 처하게 되면 필시 북한을 택하게 될 것이다. 이는 천안함 폭침사건과 연평도 포격사건을 둘러싼 중국 외교의 행태를 통해서도 확인된 바 있다.

북한은 중국공산당의 관심사이고 한국은 중국 외교부 차원의 관심사이다. 중국의 대외정책에 있어서 외교부는 공산당 중앙정치국의 대변인일 뿐이다. 중국 정부가 평양주재 대사는 차관급을 내보내고 서울주재 대사는 대부분 부국장급을 파견하는 오랜 관행은 중국이 남북한을 바라보는 시각의 커다란 편차를 말해준다. 한국 정부는 과거 여러 차례에 걸쳐 이런 차별적 관행에 대한 불만을 제기한 바 있었으나 아무 소용이 없었다.

이러한 문제가 해결되지 못하고 있는 가장 큰 이유는 무엇보다도 중국을 대하는 한국 정부의 고질적인 저자세 외교 때문이다. 중국이 한국에 국장급 이하의 대사를 파견하고 한국을 과거의 '속방' 다루듯이 폄하하건 말건, 한국 정부는 이에 아랑곳 하지 않고 장관급이나 그 이상의 인사를 주중대사로 파견해 중국의 환심을 사기에 급급하다. 마치 구한말 대국 청나라를 대하던 조선 조정의 모습을 연상시킨다.

만일 세계의 다른 주요 국가들이 중국으로부터 그러한 괄시를 받았다면, 그들은 아마도 자기네 주중대사를 같은 급으로 격하시켜 파견하는 매우 간단하고도 의연한 방식으로 그 문제를 해결했을 것이다. 만일 중국이 북한에게 그런 하위직 대사를 파견하려 했다면 북한은 어떤 반응을 보였을까? 북한은 십중팔구 신임 중국대사에 대한 아그레망(파견동의) 부여를 거부하고 불쾌감의 표시로 주중 북한대사도 평양으로 소환했을 것이다.

물론 중국은 한국과의 관계에도 나름대로 관심을 기울이고 있으나, 이는 북중 관계와는 차원이 다른 관심이다. 중국이 한국에 대해 갖고 있는 외교적 관심사는 단 두 가지다. 첫째는 한국과의 무역·투자를 통해 경제적 이익을 얻는 것이고, 둘째는 한국을 포섭하여 한미동맹을 균열시키고 한·미·일 삼각협력 체제를 타파하는 것이다.

중국은 압도적 군사력의 미일 동맹에 대항하기 위해 북·중·러 삼각협력 체제를 견고히 다지는 한편, 한미관계 이완과 한일관계 악화를 통해 한·미·일 삼각협력 체제를 타파하고자, 3국 중 가장 취약한 연결고리인 한국에 많은 공을 들여왔다. 이 점을 이해한다면 중국이 한국의 사드 배치에 대해 왜 그리도 분노하고 있는지 이해가 갈 것이다. 중국은 한국이 미국의 태평양 미사일 방어체계에 동참함으로써 한·미·일 삼각협력이 강화되고 영구화될 것을 우려하는 것이다.

중국은 동맹국 북한을 포기할 수 있을까? 많은 한국인들은 중국이 한국과의 경제관계 때문에 남북한 사이에서 이미 한국 쪽으로 기울었거나 최소한 등거리정책에 돌입했다고 생각한다. 그러나 그건 사실과 거리가 멀다. 중국에 대한 우리의 시각은 한반도 문제라는 좁은 우물 안에 갇혀 있어 바깥세상을 잘 보지 못하고, 중국에 대한 근거 없는 환상을 갖게 한다.

한국과 북한에 대한 중국의 정책은 한반도나 남북한 관계 차원이 아니라 중국의 세계전략이라는 거대한 체스판 위에서 철저히 전략적이고 정략적인 형태로 진행되고 있다. 그 판 위에서는 중국이 전통적 북한중시 정책을 전환하여 남북한 등거리 외교로 전환할 이유는 보이지 않는다. 미국의 군사력이 동북아시아에서 중국에 대한 압도적 우위를 점하고 있는 한, 중국은 북한이라는 유용한 말을 세계전략의 체스판에서 거두기 어렵다. 중국의 대외정책에서 공산당의 절대적 입김이 사라지지 않는 한 그 가능성은 거의 없을 것이다.

중국은 북한에 대한 영향력의 한계성 때문에 북한에게 핵개발 포기 압력을 넣는 것이 어렵다고 1990년대부터 줄곧 주장해 왔다. 그러나 만일 중국이 대북한 정책을 전면 수정하여 북한의 체제붕괴 가능성을 각오하고 진정한 압박을 가하고자 작심한다면, 중국은 북한을 극도의 궁지로 몰 수 있는 손쉬운 수단을 최소한 세 가지 갖고 있다.

그 **첫째**는 매년 수십만 톤의 원유를 북한에 사실상 무상공급하는 원유 파이프라인을 닫고 영구 폐쇄하는 방안이다. **둘째**는 탈북자들의 한국행을 무제한 허용함으로써 과거 동독과 같은 인구의 대량유출을 방치하는 방안이다. **셋째**는 북중 동맹조약의 일방적 폐기를 북한에 통고하는 방안이다. 이는 망명인사 황장엽이 생전에 누차 강조했던 방안이기도 하다.[7]

만일 중국이 이 세 가지 조치 중 어느 하나라도 취한다면 그것은 중국이 북한 카드를 버리기로 결정했거나 또는 그런 방향으로 변화가 진행 중이라는 증거라 할 수 있을 것이다. 그러나 이 중 어느 조치도 이루어지지 않는다면, 설사 중국의 대북한 정책에 여러 사소한 변화들이 있다 하더라도 그것을 결정적 변화로 간주할 수는 없을 것이다. 그때가 오기 전까지는 중국에 대한 우리의 어떠한 낙관적 기대도 단지 근거 없는 환상일 뿐이다.

---

7 황장엽, 『변증법적 전략전술론』, 서울: 시대정신, 2006, p. 250.

6

한국이 자초한
중국의 사드 보복

　지난 2016년 중국이 한국의 사드 배치에 대해 큰소리치며 장황한 보복조치들을 시작하는 걸 보면서 세상에 이런 적반하장이 있나 하는 생각이 들었다. 장차 중국의 세력이 더 커지면 우리나라를 어떻게 대할지 걱정스러웠다. 구한말 임오군란 직후 조선 조정을 종횡무진으로 좌지우지하며 겁박하던 청국 북양대신 위안스카이(袁世凱)를 연상시키는 대목이었다.

　더욱 이해하기 어려운 건 중국의 그런 오만한 요구에 대응하는 한국 박근혜 정부의 태도였다. 그 앞에서 송구스러워 어쩔 줄 모르는 한국 정부를 보면서 대체 무슨 죄를 졌기에 그리도 안절부절 하는 것인지 알 수가 없었다. 조선시대 중국 사신 앞에서 엎드려 절하고 머리 찧던 조선 국왕의 모습이 자꾸 눈앞에 겹쳐졌다.

　한국의 사드 배치는 중국 정부가 이러쿵저러쿵 할 일이 전혀 아니었다. 사드가 무엇인가? 사드는 이름 그대로 「종말고고도지역방어Terminal

High Altitude Area Defense」체계다. '자기를 향해 날아오는' 적국의 고고도 미사일을 '자기가 살기 위해' 마지막 하강단계 40~150km 상공에서 요격하는 방어무기다. 그걸 갖고 중국이 저렇게 펄쩍 뛰는 건 대체 무슨 의미인가? 한국민의 방어권과 생존권을 부정하는 것인가? 아니면 중국이 한국을 향해 배치한 핵미사일이 무력화될까봐 걱정되어 그러는 것일까? 만일 그렇다면 조용히 속으로 걱정할 일이 아닌가?

만일 그게 아니라면, 중국이 유사시 한국 어깨너머로 태평양을 향해 날릴 핵미사일을 한국의 사드가 중간에 가로챌까봐 저러는 것일까? 그것도 말이 안 된다. 중국이 일본이나 미국을 향해 발사하는 핵미사일은 고도가 훨씬 높고 방향도 전혀 달라서 한국의 사드는 근처에도 못 간다. 서울로 날아오는 미사일도 막지 못하는 경북 상주의 사드가 미국이나 일본으로 가는 미사일을 어찌 막는다는 말인가? 그 일은 태평양의 미국과 일본 이지스함에 배치된 SM-3 요격미사일들이 할 일이다.

그렇다면 아무리 둘러봐도 한국의 사드가 중국에 폐를 끼칠 일이 아무것도 없는데 대체 왜 저러는 것일까? 사드 미사일은 상관없는데 미사일에 부수된 600~800km 반경의 X밴드 레이더 때문에 그런다고? 그까짓 레이더가 무슨 문제라고. 미사일 탐지용 X밴드 레이더는 2006년 일본 북부 아오모리현에도 설치되었고, 미국이 7함대에 배치한 이지스함 14척과 일본이 보유한 이지스함 7척은 물론이고, 한국이 보유한 세종대왕급 이지스함 3척에도 1천km까지 커버하는 미사일 탐지 레이더가 달려있다. 오키나와 근해에는 무려 4천800km까지 탐지하는 미해군의 해상 X밴드레이더가 설치되어 있다.

그런데 대체 왜 이 소동인가? 그러는 중국은 자기나라에 미사일 방어망 설치할 때 한국 정부의 양해를 받았는가? 중국은 2018년 '러시아판 사드'라 불리는 고고도미사일 방어 체계 S-400 트리움프 6개 포대를 한반도 인근 산둥반도 등 동해안에 배치했는데, 그에 대해 한국 정부의 사전양해를 받았다는 말은 들은 적이 없다. S-400 고고도방어체계는 사거리가 사드보다 2배나 긴 400km이고 레이더 작전반경도 사드 레이더보다 더 길다. 중국은 '대국'이니 마음대로 하고 한국 같은 '속방'은 중국의 허가를 받아야 한다는 것인가?

한국의 사드가 수행하는 역할은 단 한 가지뿐이다. 북한이나 중국이 한국 중남부를 타격하기 위해 발사한 준중거리미사일medium range missile을 고도 40km 이상의 고공에서 격추시키는 일이다. 그러한 자기방어를 못하게 하려는 중국의 속셈은 대체 무엇인가? 중국이 이웃 주권국가에게 자신을 보호할 권리를 포기하라고 요구하는 근거는 무엇인가? 그리고 그에 동조하는 한국인들의 정체는 무엇인가?

중국 정부보다 더욱 더 이해 못할 건 한국 정부다. 한국 정부는 사드 배치에 있어 중국 정부의 눈치를 보는 모습을 장기간 연출함으로써 스스로 중국에게 간섭의 빌미를 제공했다. 강력히 반대하면 사드 배치를 저지할 수 있으리라는 자신감을 중국에게 준 셈이다. 우리는 당연히 해야 할 일이고 중국은 당연히 반대할 일을 가지고, 대체 왜 중국의 눈치를 보며 사전 양해를 구하려 했던가?

그리고 사드 배치 강행을 결정한 후에도 왜 그리도 끊임없이 중국의 눈치를 보며 게걸음을 했던 것일까? 그리고 온갖 논란과 방해 속에 어렵사리 배치가 완료되었음에도 불구하고, 사드는 아직도 중국의 눈치를 보는 한국 정부가 요구하는 환경영향평가 문제로 정상가동을 시작도 못하고 있는 상황이다. 중국은 북한의 동맹국이고 북한을 위해 국제여론 무시하고 무슨 일이든 하고 있는 나라다. 세상 어느 나라가 자신의 안보에 관한 일을 적국의 동맹국과 사전협의 하고 양해를 구하던가?

외교는 사교(社交)가 아니다. 외교의 본분은 자국이 필요로 하는 국가이익을 총력을 기울여 지키고 획득해 내는 것이지, 선남선녀들처럼 주변국들과 두루두루 잘 지내는 것이 아니다. 이런 면에서 볼 때, 사드 문제와 관련해 한국 국민의 반중감정 고조에도 아랑곳하지 않고 총력을 기울여 보복을 가하고 있는 중국 정부가 외교의 본분을 훨씬 잘 이해하고 있는 듯하다.

중국이 사드 문제에 그리도 민감한 진정한 이유가 무엇인가에 대해, 중국의 학계 일각에서는 '사드 미사일이나 레이더는 별게 아니고 중국이 걱정하는 진정한 문제는 다른 곳에 있다'는 얘기가 나온다. 사실 그런 분석들은 중국이 사드 보복을 시작하기 전부터 나왔었는데, 사안의 진실을 상당히 반영하고 있는 것으로 보인다. 그 대표적인 분석은 두 가지다.

첫째는 그간 미국과 중국 사이에서 엉거주춤 서있던 한국이 사드 배치를 통해 한·미·일 삼각군사협력으로 완전히 돌아설 것을 우려하는 중국이 시범케이스로 '한국 길들이기'를 하고 있다는 분석이다. 이 시점에 한국에 일침을 놓고 한미관계에 쐐기를 박지 않으면 한·미·일 군사협력이 가속화되고 그로 인해 중국 군사력의 태평양 진출이 가로막힐 것을 우려해 그리도 강경하다는 것이다. 중국이 한국에 대해 갖고 있는 가장 중요한 관심사가 한국을 포섭하여 한·미·일 삼각협력 체제를 타파하는 것임을 상기할 때, 이는 상당히 설득력 있는 분석이다.

둘째는 한국 정부가 그냥 중국 눈치 안보고 결정하면 될 것을 굳이 중국 정부에 양해를 타진해 왔으니, 중국 정부로서는 강력한 반대의지를 표명하지 않을 수가 없었으리라는 분석이다. 그리고 사드 배치를 결정한 이후에라도 속히 배치를 완료하면 될 것을 차일피일 지연시키고 있으니, 중국 정부로서도 중도후퇴가 어려워 사드 제재를 계속할 수밖에 없었다는 분석이다. 결국 사드 제재는 한국 정부의 자업자득이라는 얘기다.

중국과의 사드 분쟁은 단순한 안보문제가 아니라 우리의 국가주권이 걸린 문제다. 이는 또한 중국이 우리나라를 내심 어떤 존재로 생각하고 있고 중국의 힘이 증가함에 따라 우리를 장차 어떻게 대할 것이지를 들여다 볼 수 있는 좋은 시금석이기도 하다. 우리 정부와 국민들은 중국이 일으키고 있는 남중국해 분쟁에 대한 미국과 ASEAN 국가들의 우려를 강 건너 불 보듯 하고 있지만, 중국이 자신의 주장을 주변국에 일방적으로 강요하는 행태에 관한 한 남중국해 분쟁과 사드 분쟁은 많은 공통점을 갖고 있다.

한반도 문제에 관한 중국의 이해관계는 우리와 여러 면에서 다르고 상충된다. 중국 자신의 이해관계도 우리와 많이 다를 뿐더러, 동맹국 북한의 입장까지 생각하면 당연히 다를 수밖에 없다. 그럼에도 불구하고 우리가 이처럼 끊임없이 중국의 눈치를 보고 중국의 뜻에 일희일비 한다면, 이는 한국의 '핀란드 화(化)'로 가는 첩경이 될 수 있다.[8] 그런 방법

---

8 '핀란드화'는 냉전시기 소련과 핀란드의 관계를 빗댄 말로서, 특정 국가가 자주독립을 유지하면서도 대외정책에 있어서는 이웃 강대국의 영향력 하에 있다는 뜻이다.

으로는 북한 핵문제의 해결도 한반도 통일도 이룰 수 없고, 주권도 지킬 수 없다.

어느 나라든 국가주권을 지키기 위해서는 상당한 손실과 희생을 기꺼이 감수한다. 그렇게 할 의지와 용기를 갖고 있지 않다면 주권은 지킬 수 없다. 우리가 지금 중국의 사드 보복을 못 참고 굴복한다면 앞으로 계속 중국에게 무릎 꿇고 살아야 할지도 모른다. 우리는 이미 구한말의 눈멀고 힘없는 한국이 아니다. 세계 10위권의 경제력과 군사력이 있고 튼튼한 동맹국도 있다. 무엇이 두려워 중국의 그림자에서 벗어나지 못하고 주춤거리는 것인가?

중국은 2000년대 초 일본의 미사일 방어망 설치에 대해 크게 반발했고 상당한 보복조치도 취했으나, 일본은 이를 들은 체도 안 했다. 미국이나 유럽 강국들이 대만에 무기 수출을 하고 달라이라마를 초청했을 때도 중국은 심각한 반발과 더불어 수년간 제재조치를 취했으나, 그들은 들은 체도 안했고 제재조치의 불이익을 묵묵히 감내했다. 주권국가가 자주외교를 하려면 그 정도의 어려움이나 손실은 당연한 것이고 기꺼이 감당해야 한다는 생각 때문이었다.

다른 나라들의 경우도 마찬가지였다. 일본이 지난 70년간 러시아에 대해 북방 4개섬 소유권 문제를 아무리 떠들어대도 러시아는 들은 체도 한 적이 없고, 중국이 남중국해 산호초에 불법적으로 인공섬을 만들어 군사기지를 조성하고 있는 데 대해 미국과 일본이 아무리 반발해도 중국은 들은 체도 안하고 공사를 강행하고 있다. 중국에 대한 북한의 의연한 외교적 자세는 더욱 말할 것도 없다. 이것이 바로 우리가 이웃하고 있는 주권국가들의 전형적 외교 방식이다.

중국의 부당한 간섭과 압박에 대처하기 위해서는 우리나라도 그들의 의연하고 대국적(大局的)인 외교행태를 배워나가야 한다. 한국 정부건 기업이건 중국에게 제재를 해제해 달라는 읍소를 해서는 안 된다. 그러한 읍소가 중국의 결정에 영향을 미칠 가능성은 전혀 없다. 이는 오히려 중국의 '한국 길들이기'가 성공하고 있다는 증거로 간주되어, 제재를 더 강화하면 굴복할 것이라는 그릇된 환상만 심어주게 될 것이다.

앞으로 중국이 한국과 중요한 분쟁이 있을 때마다 사드 보복과 유사한 '대국' 답지 못한 치졸한 보복을 반복할 가능성은 얼마든지 있다. 도광양회(韜光养晦)의 가면을 벗어던지고 고압적 중화주의의 민낯을 드러낸 중국으로부터 우리의 주권과 국민적 자존심을 지켜나가기 위해서는, 우리 외교도 번번이 중국 눈치나 보는 습관을 버리고 대국적이고 전략적인 대응을 해 나가야 한다.

중국은 남의 말을 듣고 움직이는 나라가 아니다. 중국은 자신의 이해타산에 따라 철저한 계산 하에 움직이는 나라다. 따라서 중국의 제재에 대해 초연하거나 행동으로 결연한 분노를 표시하거나 상응하는 불이익을 주는 것이 문제 해결에 더 도움이 될 것이다. 중국이 한국과 긴밀한 무역·투자 관계를 맺고 있는 건 한국이 좋아서가 아니고 단지 그것이 중국의 이익에 합치되기 때문이라는 점을 우리는 명심해야 한다.

한국 정부와 기업이 중국에 대해 할 수 있는 가장 효과적인 대응조치는 제재의 대상이 된 한국의 대중국 투자들을 차제에 베트남, 말레이시아, 인도네시아 등 제3국으로 옮기고 중국에 대한 신규 투자를 최대한 자제하는 것이다. 양국 간 경제관계가 소원해지면 한국 뿐 아니라 중국에게도 필연적으로 적지 않은 손실을 끼치게 될 것이기 때문이다.

중국 정부가 싱가포르, 홍콩에 이어 중국내 투자순위 3위인 한국의 투자기업들에 대해 벌였던 무분별한 보복조치는 언젠가 반드시 중국에게 경제적 손실의 부메랑이 되어 돌아갈 것이다. 중국이 큰 소리만 치던 시기는 이미 지나가고 있다. 2010년 22%였던 대중국 외국인투자 증가율은 2016년 -8.1%로 급변했다. 외국인 투자에 힘입어 2007년 14.2%에 달했던 중국의 국내총생산GDP 성장률도 2016년 6.7%로 절반이상 꺾였다.

국가들 사이의 관계란 항상 상호적인 것이다. 상황을 반전시킬 기회는 언젠가 반드시 온다. 중국의 사드 보복과 같은 사태가 재발되지 않도록 하기 위해서는, 중국에 대한 과도한 환상과 일방적 구애를 멈추고, 중국이 우리에게 부과한 부당한 제재조치들이 반드시 중국 자신의 손실로 직결되도록 정부와 민간이 뜻을 모아 전략적 대응을 모색해 가야 할 것이다.

지구상의 어느 나라도 주권문제나 안보문제를 경제적 이익과 바꾸는 나라는 없다. 만일 경제문제 때문에 주권이나 안보를 일부 양보할 수밖에 없었다는 말을 하는 정부가 있다면, 그것은 자신의 외교적 실패를 합리화하고 책임을 전가하려는 시도에 불과하다.

7

이제 그만
중국의 미몽에서 벗어나자

조선의 태조 이성계는 개국 즉시 명나라에 사신을 보내 새 왕조의 책봉을 청했다. 명의 황제는 조선의 국명을 승인했으나, 태조를 정식 국왕으로 승인하지 않고 '권지고려국사(權知高麗國事 : 고려왕의 대리인)'라는 직책을 내렸는데, 9년 후 태종 시대에 이르러서야 '조선 국왕'으로 정식 책봉되었다. 그 후 조선 국왕이 즉위할 때는 명나라의 승인을 받아야 했고, 종속의 상징으로 명나라의 연호를 사용했다. 이는 청나라가 명을 승계한 후에도 계속되었다.

중국은 일단 왕을 책봉한 이후에는 내정에 간섭하지는 않았으나, 주종관계의 상징으로서 책봉제도와 조공제도를 계속 유지했다. 그러한 양국관계는 이제 먼 옛일이 되었지만, 요즘 중국에 대한 한국인들의 유난스런 관심과 경외심을 보노라면, 중국에 대한 우리 조상들의 흠모의 정이 한국인의 DNA 속에 남아있는 게 아닌가 하는 생각이 들 정도다.

한국의 새 대통령들은 취임 직후 거의 예외 없이 미국에 다녀 온 후

곧이어 중국에 가서는 중국 국가주석으로부터 "중국은 한반도의 비핵화와 평화통일을 지지한다"는 뜬구름 같은 말 한마디를 듣고는 대단한 언질이라도 받은 양 '성공적 정상회담'에 만족하여 돌아오곤 한다. 어떤 대통령은 취임 후 미국에 먼저가면 중국이 섭섭해 할까봐 중국에 먼저 가려고 고심하기도 했다. 이러한 한국의 정상외교 관행은 취임 후 첫 방문지로 동남아나 유럽을 선택하는 일본 총리들의 실용적 모습과 대조적이다.

신정부 출범 후 한두 해 지나면 동북공정, 이어도 문제, 마늘사건, 올림픽성화봉송 사건, 탈북 국군포로 북송, 천안함 사건, 사드 제재 등을 겪으면서 중국의 고압적인 실체를 깨닫고는 기대를 접곤 하지만, 다음 정부가 출범하면 다시 같은 과정이 반복되곤 했다. 더욱이 한국 정부는 한중관계 진전을 정권홍보 차원에서 지나치게 과장 홍보하는 일이 많았기 때문에, 이를 바라보는 동맹국 미국의 심사를 어지럽게 만들곤 했다. 특히 박근혜 정부 때는 중국의 미몽에 빠져 헤어나지 못한 기간이 유난히 길었고, AIIB(아시아인프라투자은행) 가입, 중국 전승70주년 열병식 참석, 사드 혼선 등 중량급 사안이 많아 동맹국 미국에게 깊은 상처를 남기기도 했다.

한중관계는 이제 미몽에서 깨어나 원점으로 돌아왔지만, 문제는 이러한 한국 정부의 반복적인 대중국 러브콜이 한반도 문제의 생태계에 갖가지 위기를 조성하고 있다는 점이다.

첫째는 한국의 국가적 정체성의 위기다. 우리는 누구인가? 우리는 세계 자유민주주의 진영의 일원이며, 그 리더격인 미국과 동맹관계를 맺고 있다. 중국은 누구인가? 중국은 러시아와 더불어 자유민주주의 진영의 리더십을 타파하려는 도전세력이며, 미국의 최대 가상적국이다. 또한 우리의 주적인 북한의 동맹국이자 혈맹으로서, 사실상 북한의 핵개발과 체제유지를 비호하는 역할을 수행해 왔다.

그런데 우리 정부가 나서서 마치 한국과 중국이 무슨 대단한 전략적 협력관계라도 맺은 듯 과장된 홍보를 하고, 중국이 금방이라도 한반도 통일을 시켜줄 것처럼 국민을 호도하니, 정부의 피아식별 불감증에 국민들은 혼란스럽다. 그리고 이를 바라보는 우방국 정부들의 마음은 더욱 혼란스럽다.

둘째는 한미동맹의 위기다. 한반도가 통일되면 궁극적으로 중국의 영향권에 귀속되리라는 미국 조야의 예측은 이미 어제오늘의 얘기가 아니다. 따라서 미국은 한국이 언젠가는 한미동맹을 떠날 가능성을 전제로 장기 아시아전략을 세우고 있다. 거기에 더하여 2015년 한국의 AIIB 가입, 사드 혼선 등 친중국 행보에 실망한 미국 쪽에서 한미동맹 이완의 소리가 점차 커지더니, 이제 미국 학계에서는 주한미군 철수론까지 공공연히 거론되기 시작했다.

영국, 프랑스 등 유럽의 핵심국가들이 죄다 가입한 AIIB 가입이 무슨 문제냐는 반론이 제기될 수 있을 것이다. 그러나 그들은 우리와 다르다. 그들은 비록 경제적 이유로 AIIB에 가입했지만, 국제무대에서 중국에게 모든 할 말을 다하고 수시로 중국 인권문제를 비판하고 대만에 첨단무기도 판매하고 또 툭하면 달라이라마를 초청하는 나라들이다.

그들은 또한 아프가니스탄, 이라크, 코소보, 보스니아, 시리아 등 미국 군대가 가는 곳 어디든지 두말 하지 않고 따라가서 함께 피 흘리며 싸우는 역전의 혈맹들이다. 그래서 그들이 AIIB에 가입하건 중국과 무슨 큰 경제적 사업을 벌이건 간에 미국은 그들의 정체성을 의심하지 않는다. 중국 앞에서 눈치 보기 바쁜 우리와는 경우가 다르다.

셋째는 한반도 안보의 위기다. 한중관계로 인해 한미동맹에 이상 징후가 보이면 곧바로 한반도 안보상의 위기로 직결될 수 있다. 북한 핵문제야 미국이 자신이 문제로 인식하고 있으니 별 문제가 없겠지만, 북한 관련 군사정보 제공, 주한미군의 병력규모와 보유무기, 한미합동훈련의 규모와 무력수준, 한반도 유사시 미군의 개입여부와 지원강도, 북한의 대남 핵위협 시 핵우산 제공의 강도 등 여러 면에서 큰 변화가 초래될 수 있다.

또한 북한 핵문제 악화로 미국이 대북한 군사조치를 취하고자 할 경우, 한미관계에 이상이 있으면 한국 정부의 입장에 대한 미국의 배려가 그만큼 감소하게 될 것이다. 이는 미국이 한국 정부의 반대와 한국에 미칠 피해를 무시하고 군사적 결정을 강행할 가능성이 그만큼 커진다는 것을 의미한다.

넷째는 한반도 통일구도의 위기다. 통일한국이 중국 영향권에 흡수되리라는 예측이 일반화되고 벌써부터 한미동맹에 대한 한국 정부의 태도가 애매한 상황에서, 미국이 한반도의 통일을 굳이 적극 지원할 이유는 없다고 보는 것이 타당할 것이다. 따라서 미국의 지원이 약화되는 가운데 한국 주도의 통일 가능성은 그 추진력이 점차 약화될 개연성이 예상된다. 반대로 동북아시아에서 중국의 입김이 점차 세어짐에 따라 북한 주도의 통일 구상이 점차 힘을 더 받게 될 것이다.

이처럼 중국에 대한 우리의 습관성 러브콜은 우리의 당초 의도와 무관하게 한미동맹과 한반도 정세에 재앙적인 수준의 부작용을 초래할 수 있다. 국가 대전략의 차원에서 한미동맹을 포기하고 중국 쪽으로 전향하려는 것이 우리의 국민적 선택이라면 얘기가 다르겠지만, 그것이 아니라면 허영심으로 과대 포장된 실속 없는 대중국 러브콜은 이제 제발 그만 두고, 국민 모두가 중국에 대한 오랜 미몽에서 벗어날 필요가 있다.

제3장 출구도 퇴로도 없는 북한 핵문제

1

북한 핵문제는
우리에게 무엇인가?

흔히들 외교를 '선택의 예술'이라고 말하지만, 지난 수십 년간 우리에게 수많은 어려운 선택을 강요해 온 외교사안 중 하나로 단연 북한 핵문제를 꼽을 수 있을 것이다. 수십 년에 걸친 온갖 노력에도 불구하고, 출구도 퇴로도 보이지 않는 북한 핵문제는 한국 외교의 커다란 멍에로 자리매김하고 있다.

북한의 핵무장이 초래하게 될 심각한 안보상의 위험으로 인해, 한국은 경제성장과 남북관계 진전, 나아가 한반도 통일을 기반으로 국제사회에서 한 단계 점프할 기회를 상실하고 한반도 문제의 깊은 우물 속에 갇혀 버렸다. 북한 핵문제가 이처럼 오랜 세월 우리의 운명을 짓누르고 바꾸게 될 줄은 누구도 상상하지 못했다. 다들 그저 잠시 스쳐갈 현안 정도로 생각했고 그것이 남북한 관계에 미칠 악영향을 방지하는 데만 급급했었다.

북한 핵문제가 처음으로 한반도의 핵심 안보현안으로 부상하던 1990

년대 초 당시, 한국의 노태우 정부는 대북한 전략적 우위를 바탕으로 8차례의 남북 고위급회담(총리회담)을 통해 남북 기본합의서와 남북 비핵화 공동선언을 채택했고, 밖으로는 북한의 극렬한 반대 속에 소련 및 중국과의 국교정상화를 이룩하고 유엔 가입을 실현시키는 등 한반도 통일을 위한 큰 그림을 그려가고 있었다.

그러나 북한 핵문제라는 뜻밖의 암초를 만나고 이를 남북한 채널을 통해 해결하는 데 실패함에 따라, 1990년 이래 2년여 동안 한반도 질서의 근간이 되었던 남북 고위급회담 체제는 1992년 말 모래성처럼 붕괴되었다. 그 이후 북한 핵문제는 이듬해 3월 북한의 NPT(핵비확산협정) 탈퇴를 계기로 제1차 북핵 위기를 향해 치달았고, 다른 모든 사안을 압도하는 최대의 외교안보 현안으로 부상하여 현재에 이르고 있다.

이러한 북한 핵문제로 인해 한국 정부는 네 가지 중요한 국가전략상의 문제에 직면하고 있다. 그 **첫 번째 문제**는 북한 핵문제가 한반도 문제에 대한 주변 강국들의 관여와 개입을 정당화하는 명분을 제공하게 되었다는 점이다.

북한 핵문제가 발생하기 이전까지 한국 정부는 북한 문제에 대한 미국 등 주변국의 관여나 개입에 단호하게 반대하는 입장이었다. 그러나 일 년에 걸친 남북 핵협상이 1992년 말 결렬되자 1993년 초 새로 출범한 김영삼 정부는 미국 클린턴 행정부에게 한국을 대신하여 대북 핵협상에 나서줄 것을 요청했다. 당시 새로 출범한 민주당의 클린턴 행정부는 상당한 망설임 끝에 마지못해 이를 수락했다.

당시 김영삼 정부는 한반도 문제의 주도권은 우리가 계속 보유한 채

잠시 미국의 도움을 받는다는 정도의 생각으로 미국의 지원을 요청한 것이었다. 그러나 일단 미국의 개입이 시작되자 그 이후로는 미북 협상이 주된 대북 핵협상 창구가 되었고 한국의 역할은 종속변수로 전락했다. 그러한 상황전개는 한국 정부의 당초 의도와는 거리가 먼 것이었지만, 한번 한국 정부의 손을 떠난 북한 핵문제의 주도권은 그 후 다시는 되돌아오지 않았다.

1993년 당시에는 한반도 문제에 대한 미국의 개입을 북한 핵문제에 한하여 예외적으로 허용하는 수준이었지만, 1997년 시작된 「한반도 평화체제에 관한 4자회담」을 통해 중국이 한반도 문제에 공식 관여하게 되었고, 2003년부터는 북핵 6자회담 과정을 통해 일본, 러시아까지 한반도 문제에 개입하는 상황이 초래되었다.

두 번째 문제는 북한 핵문제에 따른 한반도 안보상황의 악화로 인해 한국이 더욱 더 미국의 핵우산과 군사력에 의존할 수밖에 없게 되어, 한국의 자주국방 달성은 더욱 요원한 과제가 되었다는 점이다. 그로 인해 한국군의 전시작전권 환수 일정은 15년 이상 장기간 지연되고 있고, 자주국방 달성을 위한 우리 국방부의 무기 쇼핑리스트는 점점 길어만 가고 있다.

뿐만 아니라 북한의 핵개발은 일본의 군사력 증강과 재무장을 합리화하는 좋은 명분을 제공하고 있다. 더욱이 이러한 일본의 재무장은 국방예산 부족으로 인해 동아시아의 안보상황 악화에 홀로 대처하기 어려운 미국 정부의 전폭적 지지 하에 이루어지고 있어, 우리의 우려가 먹혀들 여지가 없다.

세 번째 문제는 북한의 핵무장이 남북관계 개선에 명백한 한계를 조성하고 있다는 점이다. 북한이 국제사회의 대의를 거스르고 한·미·일 3국을 목표로 하는 핵개발과 미사일 개발에 열을 올리고 있는 한, 어떠한 남북관계 진전이나 협력사업도 한국 국민과 국제사회의 폭넓은 지지를 받기는 어려울 것이다.

그런 상황 하에서 한국 정부가 대북협력 사업을 무리하게 추진할 경우 국제사회의 비판으로부터 자유롭지 못할 것이며, 각종 대북한 제재조치들로 인해 사업 추진이 결코 평탄하지 못할 것이다. 개성공단 생산품을 한국산으로 인정해 달라는 한국 정부의 오랜 소망을 미국이 들어줄 가능성도 더 희박해 질 것이다.

북한에 대한 인도적 지원사업도 소규모지원 또는 긴급지원의 범주를 벗어나는 대규모 지원으로 진행될 경우 북한 당국의 주머니 사정을 도와준다는 국제사회의 의혹으로부터 자유롭지 못할 것이다. 김정은 시대의 북한이 국제사회의 제재조치에도 불구하고 김정일 시대에 비해 경제적 호황을 구가하고 있음을 감안할 때, 대북한 인도적 지원의 명분도 과거에 비해서는 크게 약화된 것이 사실이다.

네 번째 문제는 북한의 핵무장이 남북한 사이의 역학관계에 상당한 변화를 초래할 수 있다는 점이다. 우리는 1990년대 초 소련과 공산권의 몰락 이후 지난 수십 년 간 한반도의 통일이 조만간 이루어질 것으로 기대해 왔고, 통일은 당연히 한국의 주도로 이루어질 것이라고 믿어 의심치 않아 왔다.

그러나 이제 모든 게 바뀌고 있다. 우리가 대북한 경제적 우위에 스스로 만족하고 북한에 경제지원을 제공하면서 막연한 통일의 꿈에 젖어 있는 사이에, 북한은 어떠한 희생을 치르더라도 핵무장을 실현하여 한국의 경제적 우위를 상쇄할 군사적 우위를 확립하고자 전력투구해 왔다. 이제 북한은 마침내 그 꿈을 이루었고, 한국은 그간의 절대 우위를 상실하였다.

문제는 북한의 야심이 거기서 그치지 않고 몇 발짝 더 나갈 가능성이 없지 않다는 점이다. 북한의 핵과 미사일 능력이 고도화되어 감에 따라 향후 한국에 대한 북한의 자세가 점차 고압적으로 변해가고, 북한이 대남 군사적 우위 뿐 아니라 정치적 우위와 통일의 주도권까지 장악하려는 공세적 한반도 전략을 할 가능성이 한국 국민들을 불안하게 하고 있다.

이러한 상황변화가 현실화 될 경우, 남북 간 화해협력을 통한 한반도 통일이라는 우리의 대북한 정책은 근본적 수정이 불가피할 것이다. 또한 우리가 지난 수십 년간 막연히 꿈꾸어 온 '한국 주도의 한반도 통일'은 점점 요원한 꿈이 될 것이다.

북한의 핵개발로 인해 야기될 이러한 문제점들을 방지하기 위해 한국 정부는 우방국들과 협력 하에 1991년부터 현재까지 거의 30년간 노력을 기울여 왔으나, 북한의 집요한 핵개발 의지를 막을 수는 없었다. 북한은 대체 왜 그리도 핵무기에 집착을 하는 것일까?

그 이유는 세 가지로 압축될 수 있다. ①3대 세습체제와 지도자의 영도력을 공고화하기 위한 국내정치적 고려, ②대남 군사적 우위와 남북관계 주도권의 회복을 위한 대남전략상의 고려, 그리고 ③미국으로부터의 안전보장과 대미 견제력 확보를 위한 대미전략상의 고려다.

첫째, 북한이 3대에 걸쳐 30여 년간 핵개발을 강행했던 국내정치적 이유는 무엇보다도 북한 내부의 '체제유지' 때문이다. 핵개발 추진은 북한 내부 체제유지의 가장 중요한 수단 중 하나였다. 미국의 압력을 거부하고 핵개발을 강행하는 북한 지도자를 '외세에 항거하는 위대한 지도자'로 부각시켜 3대 세습을 합리화 하고, 내부결속을 도모하기 위한 것이었다.

아울러 북한의 핵개발은 북한의 비능률적 사회주의 체제에 따른 경제파탄과 경제정책 실패를 합리화하고 그 책임을 미국 등 국제사회로 전가하는 데도 편리하게 이용되어 왔다. 김정은이 집권 초기부터 엄청난 자금을 들여 핵실험과 미사일 실험에 일로매진 한 것도 김정은 체제의 내부 결속 및 경제난에 대한 불만 해소와 밀접한 관계가 있을 것이다.

둘째, 북한이 핵무기에 그토록 집착한 대남전략상의 이유는 한마디로 '대남 군사적 우위의 회복'이다. 남북한 간의 경제력 격차에 따른 한반도 주도권 상실과 세력불균형을 군사적 우위를 통해 극복하고 북한 주도의 통일을 위한 기반을 조성하기 위한 것이다.

지금은 아무도 기억 못하는 오랜 옛일이 되었지만, 남북한의 연간 GDP 수치가 처음으로 역전된 것은 불과 40여 년 전인 1974년이다. 그때까지는 북한이 군사력은 물론 경제력에서도 한국을 압도했었다. 그러던 것이 박정희 대통령의 경제발전 정책으로 1974년 경제력이 처음으로 역전되기 시작했고, 1980년대 이후에는 경제력은 물론 군사력 균형까지도 역전되어 현재에 이르렀다.

따라서 남북한 간의 이러한 불리한 세력균형을 타파하고 한반도 통일의 주도권을 탈환하는 것은 김일성 이래 북한의 오랜 숙원이었다. 남한과의 경제력 대결에서는 승산이 없는 만큼, 북한은 핵개발을 통한 군사적 우위의 확보라는 비대칭 전략을 통해 대남 전략적 우위를 회복하고

자 한 것이다.

셋째, 북한이 국제사회의 제재에도 불구하고 핵개발을 고수해 온 대미 전략상의 이유는 미국에 대한 '핵 억지력'을 확보하기 위한 것이었다. 그러나 북한의 그러한 전략은 단지 미국으로부터의 '군사적 안전보장'을 확보하고자 하는 수세적 방어defensive defense 목적에 그치지 않고, 한반도 전쟁 재발 시 대미 핵위협을 통해 미국의 증원부대 파병과 병참지원을 봉쇄하고 적화통일을 달성하려는 공세적 방어offensive defense의 전략을 동시에 추구하고 있다.

국내외 일각에는 1990년대 초 냉전체제가 붕괴되고 소련이 해체되는 불리한 국제적 상황 하에서 북한이 생존을 위해 핵무장을 추진한 것으로 미화하려는 사람들이 적지 않다. 말하자면 미국의 위협으로부터 생존하기 위한 수세적 방어가 북한의 핵개발 목적이라는 것이다.

그러나 북한의 핵무장 움직임이 본격화 된 1970년대 후반은 냉전체제 하에서 공산진영의 위세가 역사상 최고조에 달하여 누구도 소련의 붕괴를 상상조차 할 수 없던 시기였다. 그 시기에 미국과 서방진영은 베트남, 캄보디아, 라오스 공산화(1975년), 니카라과 공산화(1979년), 이란 회교혁명(1979년) 등으로 크게 열세에 몰리고 있었다.

그 시기는 또한 북한이 정치, 외교, 군사, 경제 등 모든 면에서 한국을 압도하던 시기이기도 했다. 북한은 당시 베트남 공산화를 계기로 무력남침을 염두에 두고 남침땅굴 건설(1974년), 박정희 대통령 암살 시도(1974년, 문세광 사건), 판문점 도끼만행사건(1976년) 등 공세적 대남정책을 구사했다. 반면에 한국은 카터 행정부의 주한 미지상군 전면철수 계획 발표(1976년)로 극도의 수세에 몰려 있었다. 생존의 위협을 받고 있던 것은 북한이 아니라 남한이었다.

북한은 표면상으로는 '수세적 방어'를 가장 중요한 핵개발 명분으로 내세우고 있으나, IRBM(중거리탄도미사일)과 ICBM(대륙간탄도미사일) 개발에 그리도 열을 올리고 있는 것을 보면 실제로는 '공세적 방어'에 더 역점을 두고 있는 듯하다. 이는 한국으로서는 매우 기분이 개운치 않은 소식이다.

앞으로 북한은 주변상황이 여의치 않은 동안에는 핵무기의 수세적 방어 개념에 안주하여 미국으로부터의 안전보장에 만족할지 몰라도, 상황이 호전되면 언제든 그들의 핵무기를 공세적 방어 용도로 전환할 수 있다. 이 때문에 많은 한국인들이 북한의 핵무장을 걱정스러운 눈으로 바라보고 있다.

이들이 우려하는 것은 북한이 핵무기로 남한 수도권을 공격할 가능성 때문이 아니라, 한반도 전쟁 재발 시 북한이 공세적 방어 개념에 입각해 핵위협으로 미군의 참전을 견제하고 부산항을 통한 미군 증원부대의 입국을 봉쇄하여 한반도의 무력통일을 결행하려 할 가능성 때문이다.

미국이 한국 유일의 사드 포대를 수도권이 아닌 경북 상주에 설치하여 한국 중남부 전역에 미사일 방어망을 설정한 것은 이러한 북한의 전략적 의도와 밀접한 관련성이 있다. 한국의 사드 배치에 대해 북한이 그토록 거부반응을 보이고 저지에 총력을 기울인 걸 보면 그것이 단순한 가상 시나리오만은 아닌 것 같다.

2

두 차례의 해결 기회와
그 결말

1990년대 초 이래 한국과 국제사회의 북한 핵문제 대응 역사를 반추해 보면, 이를 조기에 해결할 수 있었을만한 기회가 과거 두 차례 정도 있었다. 모든 위기는 기회이기도 하며, 북한 핵문제에 있어서도 해결의 기회는 위기 속에 있었다. 따라서 북핵문제 30년의 역사에서 이를 해결할 수 있었을만한 좋은 기회는 과거 두 차례의 북핵 위기와 시점을 같이 하고 있다.

그 첫 번째 기회는 1994년 3월 19일 미국 클린턴 행정부가 외교적 교섭을 통한 북핵문제 해결에 한계를 느끼고 유엔 제재조치를 추진하기로 어려운 결정을 내렸을 때였다. 지금 생각하면, 북한의 핵개발 완성이 아직 요원하던 그 시절에 유엔의 제재조치가 일찌감치 취해졌더라면 비교적 용이하게 북한의 핵개발 의지를 무산시킬 수도 있지 않았을까 하는 생각이 든다.

그 해 3월 북한 핵문제 해결을 위한 남북한 간의 판문점 접촉은 서울을 '불바다'로 만들겠다는 북한 대표의 극언으로 파탄에 이르렀다. 이에 분노한 김영삼 대통령은 그간 미뤄왔던 패트리어트 미사일 배치를 결정하고 한국군 특별경계강화령을 발동하는 등 일전불사의 태세를 갖춰갔다. 그러나 협상을 통한 해결노력이 명백히 실패하고 있었음에도 불구하고, 미국 정부는 유엔 안보리에서의 제재조치 추진을 계속 주저하고 있었다.

수개월 후 모든 외교적 수단이 소진되자, 미국 정부는 비로소 더 이상 북한과의 외교적 협상이 불필요하다는 결론을 내리고, 북한 핵문제를 유엔 안보리에 회부하기로 결정했다. 당시 미국이 그 문제를 유엔 안보리에 회부하기를 못내 망설였던 이유는 "안보리 제재조치 채택 시 이를 선전포고로 간주하겠다"는 북한 측의 거듭된 경고 때문이었다.

지금은 북한 당국으로부터 '전쟁 선포'건 '백 배 천배 보복'이건 무슨 극언이 나오더라도 으레 그렇겠거니 하고 다들 별 신경을 안 쓰지만, 당시에는 한국도 미국도 이에 대한 경험이 없어 그런 협박을 진지하게 받아들이는 분위기였다. 그래서 미국은 유엔 안보리의 대북한 제재조치 채택 시 북한이 실제로 무력도발을 할 가능성을 염두에 두고 그에 대비한 준비, 말하자면 전쟁준비를 갖추어 나갈 수밖에 없었다.

당시 미국 정부가 이를 위해 취하고자 한 대비조치는 대체로 세 가지였다. 첫째는 주한미군 기지에 대한 북한의 미사일 공격에 대비하여 미군기지에 방어용 패트리어트 미사일을 배치하는 것이었고, 둘째는 북한의 전면적 또는 제한적 무력도발에 대비하여 주한미군에 필요한 무기와 전쟁물자들을 한국에 수송하여 비축하는 것이었다. 셋째는 전쟁 위기가 고조될 경우에 대비하여 한국에 체류하는 십만 명의 미국 민간인들을 소개시킬 방안을 강구하는 일이었다.

이에 따라 패트리어트 미사일 3개 포대가 한국으로 수송되기 시작했고 4월 18일 최초의 1개 포대 장비가 한국에 도착했다. 그 밖에 84기의 스팅어 미사일, 신형 아파치 헬기, 대포대anti-artillery 미사일, 두 번째 패트리어트 미사일 대대, 1개 여단분의 비축용 군장비 등이 속속 도착하여 배치되었다.

이밖에도 미국 국방부는 상황전개 여하에 따라 1개 항공모함 전단, 400대의 항공기, 5만 명 규모의 지상군 병력, 대량의 패트리어트 미사일 등을 한국에 파견하기 위한 3단계 군비증강 계획을 준비하고 있었던 것으로 훗날 밝혀졌다.

한국의 김영삼 정부는 미국이 장고 끝에 드디어 강경선회를 시작한 데 대해 만족했고, 대북한 교류 금지령, 무역 금지령에 이어 예비군 소집 점검까지 실시했다. 바야흐로 오랜만에 한국과 미국 정부가 보조를 맞추어 강력한 대응에 나서고 있었다.

그러나 이러한 강력한 대응기조는 한국 쪽에서 먼저 무너져 내렸다. 주한미군의 군비증강 규모가 상상을 초월하고 주한 미국대사관이 미국인 소개령까지 검토하는 상황에 이르자, 김영삼 정부는 미국이 정말 전쟁을 벌이려는 게 아닌가 하는 의심을 품고 전쟁의 공포에 휩싸이기 시작했다. 서울에서는 전쟁 발발에 대비한 생필품 사재기 소동까지 벌어졌다.

미국의 과도한 대비태세가 불만이었던 한국 정부는 주한미군의 패트리어트 미사일 추가배치를 고의로 지연시켰고, 주한 미국대사관이 검토하던 미국인 소개 계획은 한국 정부의 반대로 검토단계에서 취소되었다. 강경일변도였던 한국 정부가 정말로 전쟁이 일어날까봐 돌연 방향을 선회한 것이었다.

일전불사를 외쳐대던 동맹국으로부터 이런 뜻밖의 저항이 발생하자 미국은 진퇴양난의 난처한 상황에 처하게 되었다. 북한의 무력도발 가능성에 대응할 수 있는 군사적 대비태세가 갖추어지지 않고서는 유엔 안보리에서 대북한 제재조치 채택을 실행에 옮길 수 없다는 것이 당시 미국이 처한 딜레마였다.

그때 한국도 미국도 바라지 않았던 엉뚱한 불청객이 찾아왔다. 1994년 6월 백악관과 국무부의 거듭된 만류에도 방북의 뜻을 굽히지 않던 카터 전 대통령이 김일성의 초청을 받아 CNN을 등에 업고 '개인자격으로' 평양을 방문했다. 그는 김일성과 만나 이른바 '평화를 위한 담판'을 갖고 그 결과를 CNN을 통해 생중계로 발표했다.

카터가 발표한 김일성의 입장은 아무것도 새로운 것이 없었으나, 카터는 (자신의 담판 덕분에) 이제 북한 핵문제가 종결이라도 된 듯이 자화자찬의 발표를 했다. 북한과 외교적 일전을 막 시작하려는 예민하고 중요한 시기에 같은 당의 전직 대통령이 생중계로 방송한 '카터에 의한 북핵문제 해결' 발표에 백악관 수뇌부는 경악했다. 그 당시의 혼란스러웠던 상황은 미국 언론인 오버도퍼Don Oberdorfer가 1997년 출간한 『두 개의 한국The Two Koreas』에 상세히 기술되어 있다.

한국의 김영삼 정부도 그러한 엉뚱한 상황전개를 대단히 못마땅하게 생각했으나, 카터가 귀로에 서울에 들러 김일성의 남북정상회담 제의를 전달하자 태도가 급변했고, 이에 흥분한 김영삼 대통령은 불과 1시간 만에 기자회견을 열어 '남북정상회담 제의 수락'을 발표했다.

김일성의 남북정상회담 제의는 미국의 유엔 제재조치 추진과 군사적 대응 준비로 궁지에 몰렸던 김일성이 위기모면을 위해 던진 실로 노회한 승부수였다. 남북정상회담의 유혹을 거부할 수 없는 한국이 전선에서 이탈하면 미국이 혼자 아무런 강경조치를 취할 수가 없기 때문이다.

김일성이 계산했던 대로, 한국 정부가 미국과 일언반구 협의도 없이 남북정상회담 개최를 발표한 마당에 미국 정부가 북한에 대해 더 이상 취할 수 있는 조치는 아무것도 없었다. 이로 인해 서울과 워싱턴에서의 위급했던 상황은 별안간 종식되고, 한국은 남북정상회담 준비로, 미국은 미북 핵회담 준비로 분주하게 되었다. 그러나 김영삼 정부가 기대했던 사상 최초의 남북정상회담은 김일성의 갑작스런 사망으로 무산되었고 미북 핵협상만 남게 되었다.

훗날 트럼프 행정부의 대북한 군사조치 위협과 제재조치로 궁지에 몰렸던 북한의 김정은이 2018년 초 남북 정상회담과 미북 정상회담 카드를 동시에 꺼내들어 위기를 넘기고 상황의 주도권까지 장악한 것은 아마도 할아버지 김일성이 그 당시에 구사했던 노회한 전략과 지혜로부터 터득한 바가 많았을 것이다.

만일 그 시기에 카터의 개입 없이 미국이 예정대로 유엔 제재조치를 강행했더라면 북핵 문제의 전개과정은 아마도 크게 달라졌을 것이고, 제재조치의 강도 여하에 따라서는 북한이 장구한 세월을 요하는 핵개발을 포기할 수도 있었을 것이다. 북한 핵문제 해결의 최대 호기는 이렇게 날아갔고, 북한에 대한 최초의 유엔 제재조치가 취해지기 위해서는 북한이 최초 핵실험을 한 2006년까지 무려 12년의 세월을 기다려야 했다.

한편, 그러한 제1차 북핵 위기의 상황 하에서 미국의 영변폭격설이 뜬금없이 유포되기 시작했고, 위기가 다 지나간 후에도 '당시 미국이 대북한 선제공격을 준비하고 있었다'는 소문이 전염병처럼 떠돌았다. 그러나 미국이 북한을 선제공격하거나 영변을 폭격할 계획이 있었는지에 관해서는 그간 한국과 미국에서의 여러 회고록과 증언을 통해 전혀 사실이 아니었음이 밝혀지고 있다.

물론 미국 국방부가 영변폭격 옵션을 다른 옵션들과 더불어 검토하지 않은 것은 아니었지만, 당시 미국 국방장관이던 페리William Perry가 회고록에서 밝혔듯이 이는 전쟁 발발 가능성 때문에 초기단계에서 배제되었다. 정작 당시 미국 국방부가 가장 우려했던 것은 북한이 주한미군에 대한 전력강화 조치들을 북침 준비로 오인하고 먼저 공격해 올 가능성이었다. 그러나 북한군에 그런 움직임은 전혀 없었다.

그때 필자는 주미대사관 정무과 직원으로서 국무부 정치군사국과 국방부를 관할하고 있었고, 미국과 북한의 군사동정을 파악하러 며칠이 멀다하고 펜타곤(미국 국방부)의 여러 부서를 드나들었다. 그러나 미국과 북한 사이의 격앙된 외교적 수사에도 불구하고 어느 쪽도 군사행동을 준비하거나 경계태세를 특별히 고조시킨 적은 없었다. 특히 북한군은 행여 미국에게 군사행동의 빌미를 줄까봐 그 기간 내내 미동도 없이 엎드려 있었다.

그 당시 한반도 군사위기는 어디에도 실재하지 않았고 각국의 언론보도 속에만 존재했다. 더욱이 북한의 군사행동에 대비한 주한미군의 각종 화력강화 조치들은 한국 정부와 긴밀한 협조 하에 이루어졌다. 미국이 한국 정부도 모르게 북한을 선제공격하려 했다는 루머는 전혀 사실이 아니었다.

북한 핵문제 해결의 호기였던 두 번째 기회는 2003년 초였다. 우라늄 농축시설(HEU 프로그램)을 이용한 북한의 새로운 비밀 핵개발 사실이 미국 정보당국에 노출됨에 따라 8년간 유지되어 온 제네바합의 체제가 파국에 이르고, 이듬해 2002년 1월 북한이 핵비확산협정NPT 탈퇴와 핵시설 재가동을 단행함으로써 상황은 다시 1993년의 상황으로 되돌아갔다. 이것이 이른바 제2차 한반도 핵 위기다.

그즈음 새로 출범한 노무현 정부는 출범과 동시에 큰 시련에 직면했다. 미국은 2001년 부시행정부가 출범한 이래 네오콘(신보수주의)이라 불리는 강성 인사들이 대외정책을 장악하고 있었고, 기존의 제네바합의에 대해 큰 불신을 갖고 있던 터였다. 이들은 북한의 비밀 핵개발 사실이 확인되자 즉각 제네바합의 이행을 중단하고 북한에 대해 고도의 정치적 압박을 가하였다. 북한은 미국의 위세에 눌려 혹시나 있을지도 모르는 미국의 군사적 조치 가능성을 크게 우려하는 분위기가 역력했다.

그 상황에서 미국이 추진할 수 있는 조치는 이론상 세 가지 중 하나였다. 첫째는 1994년에 하려다 못한 유엔 제재조치를 다시 추진하는 방안, 둘째는 북한과 새로운 협상을 통해 새로운 합의를 도출하는 방안, 그리고 셋째는 미국의 일방적인 군사적 조치 가능성이었다.

아프가니스탄과 이라크 두 나라에서의 대테러전쟁 와중에 제네바합의가 파기됨에 따라 부시행정부의 네오콘 강경파들이 북한을 손보겠다고 벼르기는 했으나, 미국이 북한에 대한 어떤 군사적 조치를 검토할 수 있는 상황은 아니었다. 그러나 북한으로서는 당시 대테러 전쟁을 벌이던 살기등등한 미국이 제3의 타깃으로 북한을 지목할 가능성에 대한 우려를 떨치기 어려웠을 것이다. 북한은 표면상 강경대응을 하면서도 내심 불안감을 감추지 못하는 눈치였다.

물론 그 당시는 북한의 핵개발이 이미 많이 진척된 상황이라 북한이 1994년 제1차 핵 위기 때보다 핵포기의 용단을 내리기가 더욱 어려웠겠지만, 네오콘이 지배하던 그 같은 고도의 불안하고 예측 불가한 상황은 위기인 동시에 새로운 판을 짤 수 있는 좋은 기회이기도 했다. 따라서 한국과 미국이 상황을 잘 활용해서 협력했다면 제네바합의를 능가하는 새로운 판을 짤 수도 있었다.

그러나 네오콘 지배하의 부시 행정부는 목소리만 요란할 뿐 북한을 압박할 별다른 수단이 없었다. 당시 북한과 중국은 네오콘이 지배하던 부시 행정부가 북한 핵문제의 군사적 해결을 추구할 가능성을 크게 우려하고 있었기에, 새로운 핵협상 구도에서 무엇보다도 '평화적 해결' 원칙을 최우선적으로 확립하는 데 총력을 기울였다.

사정은 한국 정부도 유사했다. 2003년 초 출범과 동시에 북핵 위기에 휩싸인 노무현 정부의 가슴을 억눌렀던 큰 걱정거리는 미국이 한국과 협의 없이 어느 날 갑자기 영변 핵시설을 공습할지도 모른다는 불안감이었다. 1994년 제1차 북핵 위기 당시 미국이 북한을 선제공격 하려 했었다는 뜬소문이 이러한 불안감을 더욱 부추겼다. 한국 정부의 그러한 불안감은 북한과 마찬가지로 북한 핵문제의 '평화적 해결'을 유례없이 강조하는 정책으로 표출되었다. 이 평화적 해결 원칙의 확립을 위해 한국-중국-북한 사이에 연합전선이 형성되었고, 러시아도 이에 동조했다.

그리하여 종래 '한국+미국+일본 대(對) 북한+중국+러시아'였던 북핵문제 협상의 대치구도가 '미국+일본 대 한국+북한+중국+러시아'라는 기이한 구도로 변경되었다. 북한 측에 대단히 유리했던 이러한 새로운 세력구도는 곧이어 개시된 6자회담 과정에서도 거의 유사하게 유지되었다.

다른 나라들이 미국과 극한적으로 대치할 때 가장 두려워하는 것은 "모든 옵션이 테이블 위에 있다All options are on the table."는 말이다. 이는 군사적 옵션을 배제하지 않는다는 위협으로서, 미국이 가진 가장 큰 힘이다. 그러나 미국이 다른 나라들과 함께 6자회담 테이블에 앉아 북한과 중국이 요구하던 '평화적 해결' 원칙을 받아들였을 때, 미국은 이미 이빨과 발톱이 빠진 종이호랑이에 불과했다.

미국이 군사적 옵션과 압박, 제재 등 모든 강제수단들을 배제하고 외교적 협상에만 의존한다면 북한으로서는 미국이 원하는 방식의 비핵화 구도를 수락할 아무 이유가 없었다. 따라서 미국이 6자회담에서 제네바 합의를 능가하는 철저한 비핵화 합의를 이룩하는 것은 처음부터 원천적으로 불가능했다.

2002~3년의 제2차 북핵 위기가 평화적 해결의 원칙 확립과 6자회담 개시를 통해 해소되어 가던 외교적 과정은 북한 외교가 1994년에 이어 일구어 낸 또 하나의 커다란 외교적 성공이기도 했다. 미국이 핵문제의 평화적 해결을 위한 6자회담의 틀에 묶여있던 시기는 북한이 미국에 대한 두려움 없이 마음 놓고 핵개발을 계속할 수 있는 안전한 유예기간이

기도 했기 때문이다.

제2차 북핵 위기가 발생한지 약 15년 후인 2017년 북한의 성공적 수소탄 핵실험과 대륙간탄도미사일 시험발사를 둘러싸고 미국이 이에 강경 대응함에 따라, 제3차 북핵 위기가 발생하여 진행 중이다. 위기는 동시에 기회이기도 하므로, 한반도의 마지막 북핵 위기가 될지도 모르는 이 게임에서 어떤 해결책이 마련될 수 있을지 결과가 주목되고 있다.

3

세 차례의
'핵포기 합의'와 그 운명

외교가에는 외교관끼리만 통하는 독특한 언어가 있다. 외교가의 용어들은 고도로 수사적이고 모호하고 때로는 표리부동하여 일반인이 정확한 의미를 알아채기 어려운 경우도 많다. 보일 듯 말 듯 전개되는 복잡한 언어의 유희 속에서 상대방의 본심을 찾아내는 것은 외교관의 가장 중요한 임무 중 하나이기도 하다.

제1차 세계대전을 계기로 미국이 국제정치의 강자로 등장한 이래 그러한 유럽적인 격식과 언어는 많이 사라지고 미국식의 직설적 실용주의가 득세하기는 했으나, 아직 유럽식 외교언어의 많은 부분이 그대로 사용되고 있다. 그러한 외교용어의 요체는 상황이 나쁘더라도 부정적 용어의 사용을 삼가고 최대한 미화되고 긍정적인 용어를 사용하는 것이다. 특히 '노no'라는 표현은 절대 사용하지 않는다.

예컨대, 중요한 회담에서 이견이 많아 아무런 합의나 성과가 없었을 경우, '건설적 협의constructive discussion'를 가졌다고 발표하는 것이 보통이다. 회담 내용이 그보다 더 험악했을 경우, 미국 외교관들은 종종 '유익한 협의useful discussion'를 가졌다는 표현을 쓴다. 이견이 극심하다는 사실을 재확인 한 것 자체가 유익했다는 의미로 해석할 수 있겠다.

더 극단적인 경우를 예로 들자면, 국가 간 관계가 극도로 악화되어 전쟁을 선포할 때에도 북한처럼 '불바다를 만들겠다'라든가 '천배 백배 보복하겠다'라는 등의 저속한 용어는 쓰지 않는다. 과거 유럽에서 이웃나라에 전쟁을 선포할 때 보낸 최후통첩장의 문구는 대체로 '귀국이 어느 날까지 이러저런 조치를 취하지 않을 경우 그에 따른 모든 결과는 귀국의 책임이다'라는 점잖은 표현이 고작이었다. 이것이 한 나라가 타국에 가할 수 있는 최대의 언어폭력이었다. 무려 940만 명의 전사자를 낸 제1차 세계대전의 선전포고도 그런 방식으로 이루어졌다.

이와 반대로, 국가 간 협상이나 회담에서 어떤 긍정적 합의가 있을 경우에는 국내정치적 고려와 양국관계 과시 차원에서 상당히 미화되고 과장된 발표가 이루어진다. 이견이나 갈등이 있는 잔여 쟁점은 발표에서 제외되거나 모호한 표현으로 얼버무려지고, 합의되지 않은 사항들은 비밀에 부쳐진다. 이 때문에 아무리 성공적 회담이 이루어지고 성공적 합의문이 채택되더라도 실질적 진전은 별로 없는 경우가 많다.

북한 핵문제는 남북한은 물론 주변 강대국들의 국내정치적, 국제정치적 이해가 첨예하게 교차되는 사안으로서, 외교적 수사나 미사여구가 통하지 않는 진검승부(眞劍勝負)의 장이었다. 그럼에도 불구하고 이해관계가 각기 크게 상이한 나라들이 모여 시간적 제약과 성과 달성의 심리적 부담 속에서 단일한 합의문을 만들어 내다보니 외교적 표현의 애매성과 과대포장의 관행으로부터 크게 자유롭지는 못했다.

일견 근사해 보이는 합의문 속에는 이에 반대하는 나라의 입장이 구석에 교묘히 숨겨져 포함되기도 했고, 의도적으로 애매한 문구를 넣어 각자 입맛에 맞게 해석하는 일도 적지 않았다. 그 때문에 합의사항이 발표되고 각기 국내정치적 입맛에 맞게 홍보를 한 후에는 그 해석을 놓고 국가 간의 공방전이 치열했다.

물론 그러한 애매한 합의를 실질적으로 이행하는 것은 더욱 어려웠다. 더욱이 북한은 일단 합의가 발표되고 합의의 대가로 반대급부를 받은 후에는 온갖 구실로 합의 이행을 거부하는 오랜 습관을 갖고 있었다. 그 경우 애매한 합의문은 북한에게 합의 불이행을 합리화할 좋은 명분을 제공하곤 했다.

그러나 합의 불이행이 북한만의 책임은 아니었다. 때로는 한국이나 미국이 국내정치적 이유에서 부득이 조급하고 설익은 합의를 도출하는 경우도 있었다. 협상 책임자의 잦은 교체로 인해 단기간 내 성과가 필요하거나 선거 등 국내정치 일정에 따른 외교적 성과 수요가 이를 필요로 했다. 그런 합의는 일단 잘 포장되어 발표되고 여론의 박수갈채를 받고 나면 내재적 모순으로 인해 그 운명이 정해져 있었다.

북한 핵문제와 관련하여 몇 차례 중요한 합의가 있었다. 그러나 "악마는 디테일에 있다Devil is in the details."는 말이 있듯이, 원론적 합의는 쉬워도 구체성 있는 합의는 불가능했다. 북한은 커다란 반대급부를 수반하는 합의를 통해 그간 몇 차례 원론적인 핵포기 의지를 천명했고 국제여론은 이에 환호했지만, 그것이 전부였다. 핵포기의 이행을 구체화하기 위한 이행합의는 이루어지지 않았고, 북한 핵문제는 한걸음도 더 앞으로 나아갈 수 없었다. 설사 어렵사리 합의가 되더라도 거기엔 이행 불가능한 조건들이 도처에 거미줄처럼 달려 있었다.

북한이 핵개발 포기를 약속한 **첫 번째 합의**는 1991년 12월 31일 판문점 남북핵협상에서 합의된 「한반도의 비핵화에 관한 공동선언」이었다. 북한은 이 합의를 통해 핵무기 개발 포기를 약속했음은 물론, 한국 측이 요구한 플루토늄 재처리와 우라늄 농축 금지조항도 수용했고, 남북한 사이의 상호핵사찰에도 동의했다. 한국 정부 내에서는 한반도 핵문제가 이제 이것으로 끝났구나 하는 낙관적 분위기가 팽배했다.

그러나 그것은 결말도 아니고 결말의 시작도 아니었으며, 단지 시작의 첫 단추에 불과했다. 북한에게 있어 합의의 타결과 합의의 이행은 전혀 별개의 사안이라는 점을 한국 정부와 국제사회가 깨닫기 위해서는 그 후로 많은 세월과 시행착오를 필요로 했다.

남북 비핵화공동선언의 이행을 검증하기 위해 1992년 3월부터 13차례에 걸쳐 남북한 간에 「상호사찰규정」 협상이 개최되었다. 그러나 북한은 주한미군의 전술핵무기 보유여부를 사찰하는 데만 관심이 있었을 뿐, 자신의 핵시설에 대한 사찰은 한사코 거부했다. 북한에는 군사용 핵시설이 전혀 없고 영변 핵시설도 전력생산용 원자력발전소이므로 보여줄 것이 없다는 해괴한 논리였다. 이 때문에 이 채널을 통한 남북 간 핵협상은 그 해 12월 아무 소득 없이 종결되었다.

두 번째 핵포기 합의는 1994년 10월 21일 미국과 북한 사이에 합의된 「제네바합의」였다. 미국 중간선거를 불과 두 주일 앞둔 시점에 서둘러 봉합된 듯한 인상을 주는 이 합의는 한국 정부는 물론 미국 의회로부터도 호된 비판에 직면했다. 더욱이 북한이 제네바합의를 북한 외교의 찬란한 승리라고 대대적으로 선전하고 자축하는 바람에, 미 행정부는 의회로부터 이의 이행을 위한 예산을 한 푼도 배정받지 못했고, 결국 70% 이상의 경비를 한국 정부가 부담해야 했다.

한국을 배제하고 미국과 북한이 밀실에 앉아 합의한 제네바합의에서, 북한은 2천㎿(2백 만㎾) 용량의 경수로(원자력발전소) 건설과 매년 50만 톤의 중유 지원을 대가로 영변 핵시설의 동결과 해체에 동의했다. 그러나 핵시설 해제의 시점이 경수로 완공 이후로 합의된 관계로, 결국 이 합의는 북한에게 10년간의 안전한 유예기간을 제공해 주는 결과를 초래했다.

더욱 큰 화근거리는 핵포기의 대가로 2천㎿ 용량의 경수로를 제공하기로 약속한 것이었다. 당시 가격으로 50억 달러가 넘는 가격은 차치하고라도, 2천㎿ 한국형 경수로는 운용 여하 따라 매년 핵무기용 농축플루토늄을 300㎏이나 생산할 수 있는 시설이었다. 따라서 북한은 마음만 먹으면 이 경수로에서 매년 40~50개의 핵무기를 제조할 수 있게 될 상황이었다.[9]

그러한 파격적 조건의 합의였음에도 불구하고, 북한은 제네바합의에 따른 핵동결 기간 중에 새로운 우라늄 농축방식(HEU 방식)에 의한 핵무기 개발을 비밀리에 계속했다. 이러한 합의위반 사실이 2002년 미국 정보 당국에 포착되자 제네바합의 체제는 8년 만에 붕괴되었고, 함경남도 신포에 건설 중이던 경수로는 15억 달러의 건설비만 소진한 채 흉물스런 폐허로 남게 되었다.

세 번째 핵포기 합의는 남북한과 미·일·중·러 4개국 사이의 6자회담에

---

9 세계의 모든 원자력발전소들이 24시간 국제원자력기구(IAEA)의 철저한 감시를 받고 있는 이유는 바로 이 때문이다.

서 2005년 채택된 이른바 「9·19공동성명」이었다. 이 합의는 '모든 핵무기와 현존하는 핵계획을 포기'한다는 북한의 원론적 약속의 대가로 문제의 2천MW 경수로와 중유에 더하여 추가보너스로 매년 200만kW의 대북한 송전까지 약속한 천문학적 가격의 합의였다. 당시 한국 정부는 이 합의가 "평화냐 위기냐의 기로에서 평화를 선택하고 결정한 역사적 쾌거이며 한국 외교의 승리"라고 자화자찬 했고, 관계자들에 대한 대대적 논공행상도 이어졌다.

그러나 포기할 핵의 범주에 어떤 것들이 포함될 것인지, 그리고 핵포기를 어떤 절차에 따라 실행에 옮기고 어떻게 검증할 것인지에 관한 세부사항들은 북한의 완강한 거부로 인해 아무것도 포함되지 못했다. 9·19공동성명의 후속 이행합의에 해당되는 2006년의 「2·13합의」와 2007년 10월 4일 남북정상회담을 하루 앞두고 서둘러 만들어진 「10·3합의」 역시 이러한 핵심적 사항들이 누락된 원론적 합의의 범주를 벗어나지 못했다.

특히 당시 북한 핵문제의 가장 중요한 포인트는 제네바합의 당시와는 달리 영변의 낡고 녹슨 핵시설이 아니라 북한이 비밀리에 개발해 온 첨단 우라늄 농축시설이었다. 그럼에도 불구하고, 9·19공동성명과 그 부속합의서들에는 이에 대해 일언반구도 언급이 없었다. 9·19공동성명에는 북한이 '모든 핵무기와 현존하는 핵계획을 포기' 한다는 원론적 선언이 단 한줄 수록되었을 뿐, 북한이 그 존재를 극력 부인하는 우라늄 농축시설은 물론 그간 거기에서 생산된 다량의 핵물질에 관해서도 아무 언급이 없었다.

1992년의 남북 비핵화공동선언과 1994년의 미북 제네바합의에 이어 세 번째로 원론적으로나마 북한 당국의 핵포기 약속을 받아냈던 9·19공동성명은 불과 1년을 버티지 못하고 2006년 7월 북한의 제1차 장거리미사일 (대포동2호) 시험발사와 10월 제1차 핵실험으로 사실상 휴지조각이 되었다.

2007년에 들어와 2·13합의, 10·3합의 등 죽어가는 9·19공동성명에 산소 호흡기를 달려는 시도가 1년간 계속되었으나, 핵 폐기 약속을 이행할 의사가 없었던 북한이 핵 신고를 부실하게 하고 그에 대한 검증을 고집스럽게 거부함에 따라 협상은 결렬되었다.

이것이 그간 이룩되었던 세 차례의 '핵포기 합의'가 공통적으로 직면해야 했던 파국적 운명이었다. 그 후 2018년에 들어와 미북 정상회담과 남북 정상회담에서도 북한의 비핵화 문제가 논의되었으나, 2018년 10월 현재까지 이행 가능한 구체적 합의가 이루어진 것은 없다.

북한의 비핵화 약속 연혁

비핵화 합의	비핵화 약속 내용	이행 결과
남북 비핵화공동 선언(1991. 12. 31)	「남과 북은 핵무기의 시험, 제조, 생산, 접수, 보유, 저장, 배비, 사용을 하지 아니한다. 남과 북은 핵재처리시설과 우라늄 농축시설을 보유하지 않는다.」	합의 불이행 (상호사찰 거부)
김일성-카터 면담 (1994. 6. 15)	「북한은 핵무기를 개발할 의지도 능력도 필요도 없다.」 (김일성의 구두약속)	약속 불이행 (핵개발 계속)
미북 제네바합의 (1994. 10. 21)	「북한은 미국의 경수로 공급 보장을 받는 대로 흑연로감속로와 관련시설을 동결하며 궁극적으로 해체한다. 북한의 흑연감속로 및 관련 시설의 해체는 경수로 공사가 완공될 때 완료된다.」	합의 불이행 (비밀 핵개발)
9·19 공동성명 (2005. 9. 19)	「북한은 모든 핵무기와 현존하는 핵계획을 포기하고 조속한 시일 내에 NPT와 IAEA의 안전조치에 복귀할 것을 공약했다.」	합의 불이행 (신고검증 거부)
미북 2.29합의 (2012. 2. 29)	「미국과 북한 쌍방은 9·19 공동성명 이행 의지를 재확인한다. (중략)북한은 핵실험과 장거리미사일 발사, 영변의 우라늄 농축활동을 임시 중지한다.」	합의 불이행 (미사일 발사)
남북 판문점선언 (2018. 4. 27)	「남과 북은 완전한 비핵화를 통해 핵 없는 한반도를 실현한다는 공동의 목표를 확인하였다.」	구체적 약속 부재
미북 싱가포르 공동성 명 (2018. 6. 12)	「북한은 한반도의 완전한 비핵화를 위해 노력할 것을 약속한다.」	구체적 약속 부재
남북 평양공동선언 (2018. 9. 19)	「북측은 미국이 6.12 북미공동성명의 정신에 따라 상응조치를 취하면 영변 핵시설의 영구적 폐기와 같은 추가적인 조치를 계속 취해나갈 용의가 있음을 표명하였다.」	구체적 약속 부재

4

북한은 이제
'핵보유국'인가?[10]

　북한은 핵보유국이 되고자 30년이 넘는 오랜 세월 동안 총력을 기울여 노력해 왔다. 마침내 2017년 수소탄 실험과 대륙간탄도미사일 시험발사까지 성공적으로 마친 후, 북한은 그해 11월 27일 "국가 핵무력 완성"을 선언했다. 그리고는 핵보유국 지위의 인정을 미국과 국제사회에 요구했다.

　이는 북한의 핵보유를 기정사실로 인정하고 인도, 파키스탄의 경우처럼 모든 제재조치를 해제해 달라는 주문이다. 그러나 미국 트럼프 행정부는 미북 정상회담과 빈번한 대북한 고위급협상에도 불구하고 한 가지 원칙만은 확고하게 고수하고 있다. 비핵화가 행동으로 이행될 때까지 제재완화는 절대 안 된다는 것이다. 말하자면 북한이 원하는 소위 핵보유국 지위는 절대 인정할 수 없다는 말이다.

　이 시점에서 우리가 한 가지 개념정리를 꼭 하고 넘어가야 할 일이 있다. 북한의 핵개발은 완성된 것인가, 아니면 아직도 진행형인가? 북한은

10　본장은 필자의 2018년 저서 『북핵 30년의 허상과 진실』 중 해당 내용을 일부 수정해 인용한 것이다.

현재 이미 핵보유국인가, 아니면 핵보유국이 되기를 추구하는 나라인가? 이에 대한 답은 명확하다. 북한의 핵개발은 종료되었고, 북한은 핵보유국이다. 인정하고 싶지는 않지만 북한은 이미 핵무기를 실제로 보유하고 있기 때문에 핵보유국임에 틀림없다.

일반적으로 세계의 핵보유국을 말할 때 핵비확산협정NPT에 명기된 핵보유국 5개국(미국, 러시아, 영국, 프랑스, 중국) 외에 추가로 이스라엘, 인도, 파키스탄 3개국을 꼽는다. 이 세 나라는 핵보유국인가? 그렇다. 왜냐하면 '그들은 핵무기를 실제로 보유하고 있기 때문이다'. 세상 누구도 이들 세 나라와 북한의 핵무기 보유를 공식적으로 인정하지 않았고 핵보유국의 지위를 부여하지도 않았다. 그들 중 대부분은 불법적 핵개발의 대가로 국제사회의 제재도 받았다. 그러나 그들은 핵보유국이다. 왜냐하면 그들은 핵무기를 갖고 있기 때문이다.

북한은 물론 NPT 협정상의 핵보유국이 아니다. 그러나 NPT 협정상의 핵보유국이 아닌 이스라엘, 인도, 파키스탄이 핵보유국이라면 북한도 당연히 핵보유국일 수밖에 없다. 북한이 혹시라도 남아공이나 우크라이나처럼 핵무기를 스스로 포기하는 날이 오기 전까지는 엄연한 핵보유국이다.

그래서 이제 핵보유국이 된 북한과 얼굴을 마주하고 살아갈 준비를 해야 한다. '핵보유를 인정할 수 없다'든가 '사실상의 핵보유국일 뿐'이라든가 하는 언어의 유희로 우리 자신을 속이고 위로해 봐야 소용이 없다. 우리는 북한이 핵보유국이 되었다는 불편한 진실을 인정하고, 핵개발 저지의 실패를 솔직히 시인하고, 그에 대처할 실질적 방안을 강구해야만 한다. 북한은 핵보유국이 아니라고 강변한다고 해서 해결될 일은 아무것도 없다.

북한은 아직 ICBM의 재진입 기술 등 극복해야 할 과제가 남아 있어 핵무장이 완성된 것이 아니라는 주장도 허망하다. ICBM은 이스라엘도 없고 인도, 파키스탄도 없다. 더욱이 ICBM은 북한이 미국 본토를 공격할 때만 필요한 운반체계라 한국이나 일본과 같은 다른 나라들은 아예 해당사항이 없다.

운반체계 완성이라든가, 재진입 기술이라든가, 다탄두 기술, 유도기술, 회피기술 같은 꼬리표들은 과거 관련국 정부와 관련 전문가들이 북한의 핵개발 성공 사실을 부정하고 아직도 비핵화 협상에 희망이 남아 있음을 강변하기 위해 종종 내세우던 명분에 불과했다. 핵무장 완성과 ICBM 개발은 전혀 별개의 사안이다. ICBM이 없다고 해서 누구도 이스라엘, 인도, 파키스탄이 핵보유국임을 부정하지 않는다.

북한의 핵개발은 이미 성공적으로 끝났다. 특히 한국은 북한이 핵무력 완성을 선언하기 11년 전인 2006년 북한의 최초 핵실험으로 이미 북한의 핵위협 하에 들어갔다. 한국에게 있어서 북한은 이미 그 시절부터 핵보유국이었다. 인도와 파키스탄이 핵실험 성공과 동시에 바로 핵보유국 반열에 올랐듯이, 핵보유와 운반체계 문제는 별개의 사안이다.

그간 우리는 때로는 북한의 핵보유를 인정하기 두려워서, 때로는 핵개발 저지의 실패를 인정하기 싫어서, 혹은 한국 경제에 미칠 악영향을 우려해서, 혹은 남북관계 개선이나 대북한 경제지원에 장애를 조성하지 않기 위해, 북한이 핵보유국임을 지금껏 인정하지 않아왔을 뿐이다. 그러나 우리의 인정 여하는 북한이 핵보유국이라는 사실에 아무 영향을 미치지 못한다.

북한 핵탄두가 사거리 1천300km의 노동미사일에 적재될 만큼 소형화에 성공한 2017년 9월의 제6차 핵실험 이후 일본이 한국에 이어 북한의 핵공격 사정권에 추가되었다. 북한이 2017년 상반기 사거리 3천km의 중거리미사일 시험발사에 성공함에 따라 오키나와와 괌도 북한 핵미사일 사정권에 추가되었고, 하와이와 미국 본토는 ICBM 개발이 끝나야 사정권에 추가된다.

그러나 북한이 이미 핵보유국이라는 말은 북한이 주장하는 소위 핵보유국 지위의 인정과는 무관하다. 핵보유국 지위는 그 용어부터가 허구다. NPT 협정상의 5개 핵보유국 지위 외에 어떠한 핵보유국 지위도 지구상에 존재하지 않는다. 그걸 인정해 줄 권한을 가진 나라도 없다. 이스라엘, 인도, 파키스탄도 아무런 핵보유국 지위를 누리지 않고 있다.

북한은 이들 세 나라의 경우처럼 국제사회가 북한에 대한 제재를 풀고 핵무기 보유를 하나의 특별한 권리로서 인정해 달라는 의미인 듯하나, 그런 권리라는 건 세상에 없다. 이스라엘과 인도, 파키스탄은 각기 상이한 이유로 제재를 받지 않았거나 북한보다 약한 제재를 받았을 뿐, 어떤 지위나 권리를 부여받은 바는 없다.

핵보유국들 중 이스라엘은 핵무기를 보유하고 있는 것으로 간주되고 있으나, NPT 협정에 가입해 핵포기를 서약한 적이 없고, 국제법에 어긋나는 핵활동을 한 적도 없으며, 핵실험을 한 적도 없다. 핵무기 보유 사실이 노출된 적도 없고 스스로 시인한 적도 없다. 다만 다른 나라들이 이스라엘의 핵무기 보유를 짐작하고 있을 뿐이다. 그러니 국제적 제재를 받을 거리가 하나도 없다.

인도는 1970년 NPT협정이 발효된 지 4년만인 1974년 최초 핵실험을 했고, 그때부터 핵보유국으로 간주되었다. 인도는 이스라엘과 마찬가지로 NPT 협정에 가입한 적이 없다. NPT 가입여부 결정은 주권국가의 권리이며, 따라서 NPT에 가입하지 않은 인도는 법적으로 비핵화의 의무가 없다. 따라서 인도는 유엔의 제재조치를 받지 않았고, 미국과 일본으로부터 개별적 제재를 받았을 뿐이다.

파키스탄도 처음부터 NPT에 가입하지 않아 비핵화의 의무가 없었다. 인도와 앙숙인 파키스탄은 인도가 1998년 제2차 핵실험을 실시하자 그 직후 단 이틀에 걸쳐 처음이자 마지막으로 6회의 핵실험을 실시하고 핵보유국임을 선언했다. 파키스탄도 인도와 마찬가지로 몇 년간 미국, 일본의 경제제재를 받았으나, 비핵화의 의무가 없었으므로 유엔으로부터 제재조치는 없었다.

북한은 이와 같은 방식으로 미국과 국제사회가 대북한 제재 해제를 통해 북한의 소위 '핵보유국 지위'를 인정해 주기를 요구하고 있지만, 북한의 경우는 이들 세 나라와 차원이 전혀 다르다. 북한은 구소련으로부터 원자력 지원을 받기 위해 자발적으로 NPT에 가입한 후, NPT 상의 혜택을 누리면서 몰래 불법적인 핵개발을 하다 발각되자 국제원자력기구IAEA의 핵사찰을 거부하기 위해 NPT를 탈퇴했다.

그 이후 25년간 유엔 안보리의 비난과 경고를 무시하고 6차례 핵실험을 실시하고 수없이 많은 미사일 발사로 주변국들을 위협했으며, 유엔 안보리의 만장일치 제재조치를 11년에 걸쳐 10차례나 받았다. 또한 개발한 핵무기와 중장거리 미사일로 주변국과 국제사회에 대한 노골적인 위협을 계속하고 있다.

만일 국제사회가 이러한 북한의 핵무장 완성을 불가피한 기정사실로 인정하고 제재를 해제하는 일이 발생한다면, 국제사회는 초미의 관심사인 이란의 핵개발에 반대할 명분을 상실하게 될 것이며, 많은 잠재적 핵보유국들을 고무하는 결과를 초래하게 될 것이다.

북한이 핵보유국이라면 과연 어느 정도의 핵보유국일까? 이제 핵보유국 북한의 실질적 핵능력이 어디까지 와 있는가를 2018년 1월 기준으로 재조명 해보고자 한다. 김정은의 권력 승계 이래 북한의 핵과 미사일 개발 속도는 과거와 비교가 안될 만큼 눈부신 발전을 계속하여, 북한 핵문제에 관한 과거의 지식들을 모두 무용지물로 만들었다. 이제 북한의 핵능력에 관한 과거의 지식을 모두 잊고 현재를 객관적으로 다시 바라보자.

북한 핵능력의 핵심은 세 가지다. ①핵무기 제조에 필요한 고농축 핵물질을 생산하는 능력과 ②이를 이용해 고성능 핵무기를 제조하는 능력, 그리고 ③이렇게 제조된 핵탄두를 장착할 미사일을 제조하는 능력이다.

먼저 **북한의 핵물질 생산능력**을 알아보자. 북한은 1990년대 초부터 평안북도 영변의 핵시설(5MW 원자로와 재처리시설)에서 매년 핵무기 1개를 제조할만한 양의 고농축 플루토늄을 생산했고, 이를 통해 현재까지 51~58kg의 플루토늄을 생산한 것으로 추정된다. 이는 핵무기를 6~7개 제조할 수 있는 분량이다. 김정은이 2018년 9월 남북 평양공동선언을 통해 폐기할 용의를 밝힌 것은 바로 이 시설이다.

그러나 영변의 이 시설은 효율성도 떨어지고 낡은 고철 수준이라 현재는 큰 의미가 없는 부수적 시설일 뿐이다. 1990년대에 북한 핵문제에 관여했던 사람들은 북한이 영변 핵시설을 폐기한다는 말에 감격을 했을지도 모르지만, 이제 이 시설은 북한 핵문제의 핵심 쟁점과는 크게 동떨어진 '핵개발 역사박물관'에 불과하다.

북한이 현재 핵무기용 핵물질을 생산해 내는 핵심 시설은 2000년대 초부터 비밀리에 건설해 온 우라늄 농축시설들이다. 북한이 그 시기에 우라늄 농축 연구를 시작했을 때부터 이미 제기된 우려였지만, 불행히도 우라늄 농축시설의 높은 은닉성 때문에 어디에 어떤 규모의 시설이 있고 그 시설이 어느 정도 가동되고 있는지는 알 길이 없다. 한 가지 확실한 것은 그로부터 매일 생산되는 핵물질의 양이 영변 핵시설과 비교도 안 될 정도로 많다는 사실 뿐이다.

북한이 보유한 우라늄 농축시설들 중 영변 핵단지 내에 소재한 1개소는 북한이 2010년 미국 과학자 대표단에게 자발적으로 공개한 시설이다. 당시 상황에서 북한이 그 시설을 자발적으로 공개한 이유는 이를 추후 비핵화의 흥정거리로 내세워 반대급부를 얻어내고 실질적 핵무기 제조는 은닉된 여타 우라늄 농축시설에서 계속 진행하려는 의도였던 것으로 추정된다.

북한이 당시 공개한 우라늄 농축시설에는 2천 개의 원심분리기가 설치되어 연간 약 40kg의 핵무기용 고농축 우라늄(U^{235})을 생산할 것으로 추산되었으나, 현재는 시설규모가 대폭 확대되어 최대 6천7백 개의 원심분리기가 설치되어 있을 가능성이 제기되고 있다. 그 경우 거기서 생산 가능한 고농축 우라늄은 연간 최대 130kg에 달하며, 이는 매년 8~9개의

핵무기 제조가 가능한 핵물질이다.[11]

북한은 영변지역 외의 여타지역에 최소 1개 이상의 은닉된 우라늄 농축시설을 보유하고 있을 것으로 추정되고 있으나, 그 구체적 규모와 위치는 베일에 싸여 있다. 워싱턴포스트가 2018년 6월 보도한 바에 따르면, 미국 정보당국은 북한이 평안북도 강성에 최대 1만 2천 개의 원심분리기가 설치된 대규모 비밀 우라늄 농축시설을 보유하고 있는 것으로 추정하고 있다. 그것이 사실일 경우, 여기서 생산 가능한 고농축 우라늄은 연간 약 240kg에 달하며, 이는 핵무기를 15~16개 만들 수 있는 양이다.

영변과 강성의 농축시설에서 생산되는 고농축 우라늄을 합치면, 북한이 생산 가능한 고농축 우라늄은 연간 최대 370kg에 이른다. 이는 핵무기를 매년 23~25개 만들 수 있는 양이다. 물론, 북한이 제3, 제4의 비밀 농축시설을 보유하고 있을 가능성도 배제할 수는 없다. 북한의 핵물질 생산능력에 관한 정확한 수치는 북한이 모든 핵시설을 국제사회에 신고하고 검증을 받은 후에나 확인이 가능하다.

북한이 2018년 1월 현재 생산한 고농축 우라늄의 총량에 관한 추정치는 천차만별이나, 대체로 600~1,000kg 정도로 추정되고 있다. 핵무기 제조에 필요한 고농축 우라늄을 IAEA 기준에 따라 15kg으로 가정할 경우, 현시점에서 북한이 제조 가능한 핵탄두 수는 46~73개(우라늄탄 40~66개 및 플루토늄탄 6~7개) 정도로 추정되고 있다. 핵보유국들의 일반적 관행에 따라 북한이 보유 핵물질의 절반만 무기화 했다고 가정할 경우, 실전 배치된 핵탄두는 총 23~36개 정도일 것으로 추정된다. 이상 설명한 것을 도

---

11 중앙일보, 2018.7.6., '[김민석의 Mr. 밀리터리] 북한 핵무장국 됐는데, 비핵화 협상은 계속 물음표' 기사 참조.

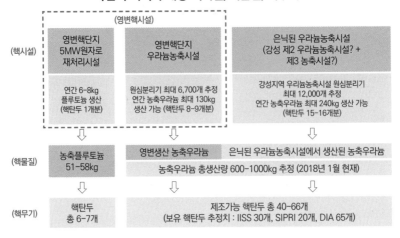

북한의 비핵화 대상 핵시설/핵물질/핵무기

	(영변핵시설)		
(핵시설)	영변핵단지 5MW원자로 재처리시설	영변핵단지 우라늄농축시설	은닉된 우라늄농축시설 (강성 제2 우라늄농축시설? + 제3 농축시설?)
	연간 6-8kg 플루토늄 생산 (핵탄두 1개분)	원심분리기 최대 6,700개 추정 연간 농축우라늄 최대 130kg 생산 가능 (핵탄두 8-9개분)	강성지역 우라늄농축시설 원심분리기 최대 12,000개 추정 연간 농축우라늄 최대 240kg 생산 가능 (핵탄두 15~16개분)
(핵물질)	농축플루토늄 51-58kg	영변생산 농축우라늄	은닉된 우라늄농축시설에서 생산된 농축우라늄
		농축우라늄 총생산량 600-1000kg 추정 (2018년 1월 현재)	
(핵무기)	핵탄두 총 6-7개	제조가능 핵탄두 총 40-66개 (보유 핵탄두 추정치 : IISS 30개, SIPRI 20개, DIA 65개)	

표로 표기하면 위와 같다.

김정은이 2018년 9월 남북 평양공동선언에서 폐기할 용의를 밝힌 '영변 핵시설'이 5MW 원자로와 재처리시설 등 플루토늄 생산시설만을 의미하는 것인지, 또는 우라늄 농축시설도 포함하는 개념인지는 분명하지 않다. 그것이 플루토늄 제조시설만을 의미하는 것이라면 북한의 연간 최대 핵무기 제조능력 추정치 24~26개(우라늄탄 23~25개 및 플루토늄탄 1개)의 약 4%를 의미할 뿐이며, 영변의 우라늄 농축시설까지 포함하는 개념이라면 핵무기 총 생산능력의 36~40% 미만을 의미하는 시설이다.

그러나 그 중 어느 경우가 되건 간에 이는 북한의 비핵화와는 거리가 먼 개념이다. 그것은 핵보유국인 북한의 핵무기 보유량을 일부 줄이는 효과는 있을지 모르나, 그것을 비핵화라 부를 수는 없다. 비핵화란 핵무기가 전혀 없는 상태를 의미한다. 핵무기를 100개건 10개건 1개건 갖고 있다면, 그건 비핵화가 아니다. 따라서 부분적 핵시설 폐기 또는 핵물질

감축을 북한의 비핵화 조치로 간주하고 그에 대한 반대급부를 제공할 경우, 전면적 비핵화는 더욱 요원한 꿈이 되고 '위장된 부분적 비핵화'로 귀착될 위험성이 크다.

다음으로는 북한의 **핵무기 제조기술** 수준에 관해 알아보자. 북한은 2017년 9월의 제6차 핵실험을 통해 수소탄 실험을 성공적으로 마쳤고 핵탄두를 미사일에 장착하기 위한 탄두의 경량화, 소형화도 이루었다는 것이 대다수 정부와 전문가들의 공통된 평가이다. 이제 북한은 언제든지 핵탄두를 이미 실전 배치된 스커드미사일과 노동미사일에 장착할 수 있게 되었다.

현재 북한이 보유하고 있을 것으로 추정되는 핵무기 수는 5대 핵보유국과 인도, 파키스탄, 이스라엘에 이어 9번째 수준이다. 그러나 이스라엘, 인도, 파키스탄은 수소탄도 ICBM도 개발하지 않았으므로, 북한의 핵능력은 기술적 측면에서 이미 5대 핵보유국에 이어 6번째 수준이다.

또한 미국과 러시아를 제외한 대부분의 핵보유국이 실전 배치한 핵탄두가 대체로 80~300개 수준임에 비추어 볼 때, 북한은 원하기만 하면 5년 내에 영국, 프랑스, 중국의 핵무기 보유량을 추월하여 미국과 러시아 다음가는 세계 3위의 핵무기 보유국이 될 수도 있다.

그러면 북한의 **핵무기 운반체계**, 즉 미사일 제조 능력은 어떠한가? 북한의 미사일 개발능력은 세계 최고 수준이고, 5대 핵보유국에 이어 세계에서 6번째로 ICBM 개발에 성공했다.

북한의 미사일 개발은 1984년 사거리 300km의 소련산 스커드B 미사

북한의 미사일 전력(2018년 현재)

미사일 명칭	종류[12]	최대 사거리	최대 탄두중량	추진체	시험 발사	실전 배치
화성-5 (스커드-B/KN-03)	SRBM	300km	1,000kg	액체/1단	1984	1989
화성-6 (스커드-C/KN-04)	SRBM	500km	800kg	액체/1단	1986	1989
화성-7 (노동/KN-05)	MRBM	1,300km	800kg	액체/1단	1993	1996
화성-9 (스커드-ER)	SRBM	1,000km	500kg	액체/1단	1994	2000
화성-10 (무수단/KN-07)	IRBM	4,000km	650kg	액체/2단	2016	2007
북극성-1 (KN-11)	SLBM	2,000km	650kg	고체/2단	2016	?
북극성-2 (KN-15)	MRBM	2,000km	650kg	고체/2단	2017	2017
화성-12 (KN-17)	IRBM	5,000km	650kg	액체/1단	2017	?
화성-14 (KN-20)	ICBM	10,000km	핵탄두	액체/2단	2017	?
화성-15 (KN-22)	ICBM	13,000km	핵탄두	액체/2단	2017	?

일을 자력으로 복제생산하는 데 성공한 이래 발전을 거듭하여, 1986년 사거리 500km의 스커드C, 1993년 사거리 1천300km의 노동미사일을 개발해 실전배치했다. 200~300기의 노동미사일은 일본 전역과 한국 남부 지방을 공격대상으로 하고 600~800기의 스커드 미사일은 모두 한국을 겨냥하고 있다. 이들은 모두 핵탄두 탑재가 가능하다.

북한은 1990년대 말부터 이들보다 사거리가 훨씬 긴 중장거리 미사일 개발을 추진해 왔다. 그 결과 2017년 사거리 5천km의 화성-12 시험발사가 3차례 모두 성공했다. 이는 북한이 괌Guam과 오키나와의 미군 기지를 염두에 두고 개발한 것이었다.

그리고 곧이어 ICBM 시험발사가 이루어졌다. 2017년 7월초에 사거리 1만km의 ICBM(화성-14) 시험발사가 2차례 모두 성공했고, 그로부터 3개월 후인 11월에는 북미대륙 전체를 사정거리로 하는 사거리 1만 3천km

---

12 탄도미사일은 사거리에 따라 1,000km 미만을 단거리미사일(SRBM), 1,000-3,000km를 준중거리미사일(MRBM), 3,000-5,500km를 중거리미사일(IRBM), 5,500km 이상을 대륙간탄도미사일(ICBM)이라 부른다.

의 ICBM(화성-15)이 최초의 시험발사를 성공적으로 마쳤다.

이리하여 북한 미사일의 사거리는 미국의 최첨단 ICBM인 미니트맨 III와 동일한 1만 3천km 사거리를 달성했다.[13] 소련 미사일을 복제해 사거리 300km의 스커드B를 제조한지 33년만의 개가였다. 물론 ICBM인 화성-14와 화성-15는 아직 재진입 기술의 완성이 필요하나, 이는 단지 시간의 문제일 뿐이다.[14]

이러한 모든 정황에 비추어 볼 때, 북한의 핵개발은 이미 완성되었으며, 국제사회가 그 사실을 정치적으로 인정하건 말건 북한은 현재 엄연한 핵보유국임을 부인할 수 없다.

---

13 미니트맨III 미사일은 전략폭격기, 핵잠수함과 더불어 미국 전략핵무기의 3대 주축이다. 미국은 2006년 현재 이 미사일을 약 450기 실전배치하고 있다.

14 ICBM은 외기권으로 나갔던 미사일이 대기권으로 재진입할 때 탄두가 음속 20~25배의 속도로 대기권을 통과하게 된다. 따라서 섭씨 7,000도에 달하는 마찰열과 진동으로부터 탄두를 보호하기 위해 재진입 기술이 필요하다.

5

대북한 제재조치의 과거와 미래[15]

북한이 2017년 핵개발 완성을 선언할 때까지 국제사회가 이를 방치한 것은 아니었다. 2006년 북한이 제1차 핵실험을 실시한 이후 2017년 말까지 유엔 안보리에 의해 10차례의 대북한 제재결의가 채택되었고, 한국, 미국, 일본, EU 등에 의한 개별적 제재조치도 부과되었다.

미국이 1994년 북한의 핵개발을 저지하기 위해 처음으로 유엔안보리 제재조치를 추진하다 포기한지 12년 만인 2006년 10월 9일 북한은 드디어 최초 핵실험을 실시했고, 이에 따라 10월 14일 유엔 안전보장이사회의 최초 대북한 제재조치(1718호)가 채택되었다.

그 이래 2018년 현재까지 북한의 6차례 핵실험과 수많은 미사일 시험 발사에 대응하여 유엔 안보리는 2009년 제2차 제재결의, 2013년 제3, 4차 결의, 2016년 제5, 6차 결의, 2017년 제7, 8, 9, 10차 결의 등 10차례의 대북한 제재결의를 채택했다. 이들 제재조치는 모두 중국, 러시아의

---

15 본장은 필자의 2018년 저서 『북핵 30년의 허상과 진실』 중 해당 내용을 일부 수정해 인용한 것이다.

동의하에 만장일치로 채택되었다.

그러나 그 많은 제재조치에도 불구하고 북한의 태도는 오히려 더욱 의기양양해졌고, 핵무기와 미사일 개발 속도도 더욱 가속화되었다. 북한이 유엔제재 때문에 경제적 고통을 받고 있다는 소리는 어디서도 들리지 않았다. 2012년 김정은이 북한 지도자로 취임한 이래 북한 경제는 오히려 전례 없는 호황을 구가했다. 대외무역액은 2~3배로 증가했고, 평양시내의 고층 빌딩들은 계속 늘었고, 도로는 확장되고, 놀이공원과 골프장 등 위락시설들도 증가했다.

그것은 주로 유엔 제재조치에 의존해 온 그간의 대북한 압박정책들이 큰 효과를 보지 못했다는 증거였다. 무엇이 문제였는가? 그 이유는 두 가지였다. **첫째**, 항상 중국의 동의를 받아 만장일치의 제재규정을 만들다 보니 진정으로 강력한 제재조치는 포함시키기 어렵고, 매번 형식적 제재조치로 뒷북을 칠 수밖에 없었기 때문이다.

중국이 북한의 군사동맹국으로 남아있는 한 북한의 안위를 위태롭게 할 만한 제재조치에 동의할 가능성은 희박했다. 중국은 북중 동맹조약 (조·중 우호협력상호원조조약) 제3조에 따라 북한에 반대하는 '어떠한 집단과 어떠한 행동 또는 조치에도' 가담하지 않을 조약상의 의무가 있다. 따라서 중국이 동의하는 제재조치는 북한이 감내할만한 제재조치라는 의미이기도 했다.

둘째, 북중 사이의 기나긴 국경을 통해 중국 당국의 묵인 하에 혹은 감시를 피해 얼마든지 불법적 거래가 이루어질 수 있어, 그런 최소한의 제재조치나마 제대로 준수되기가 어려웠기 때문이다. 중국을 통해 단둥, 지안, 백두산, 도문 등 북중 국경지대를 여행해 본 사람이라면 그 길고

좁고 얕은 압록강/두만강 상류의 기나긴 국경선을 통한 불법무역을 통제하는 것이 얼마나 어려울지 상상이 갈 것이다. 더욱이 중국 정부가 이를 묵인한다면, 그 은밀한 거래를 막을 방법은 없다.

그간 국제사회의 유엔을 통한 대북한 제재조치는 중국의 거부권 행사를 피해 만장일치 합의를 보아야 한다는 강박관념 때문에 항상 버스 지나간 뒤 솜방망이 흔들어 대는 격이었다. 중국이 동참하면 모양새는 좋고 그 자체가 좋은 홍보거리이기는 하나, 내용상으로는 별 것이 없을 수밖에 없었다. 지난 10여 년간 한국과 미국이 유엔 안보리에서 '만장일치 제재 결의'라는 달콤한 명분을 즐기는 동안 모든 실리는 중국이 차지했다.

그것은 미국과 한국으로서는 커다란 전략상의 오류였다. 명분 축적을 위해 최초 한두 번 알맹이 없는 만장일치 제재합의를 채택하는 건 나름대로 의미가 있겠지만, 타성에 젖어 10여 년간 중국에게 끌려 다닌 것은 중대한 실책이었다.

중국의 거부권 때문에 불가피했다는 반론이 응당 있을 것이다. 그러나 차라리 강경한 결의안을 표결에 붙여 중국과 진검승부를 벌였더라면 처음 한두 번은 실패했을지 몰라도 이후엔 훨씬 나은 내용의 제재조치 채택이 가능했을 것이다.

중국이 유엔 안보리 거부권을 가진 상임이사국인 것은 사실이나, 상임이사국이라고 해서 마냥 거부권을 행사할 수는 없다. 더욱이 유엔 창설 이래 상임이사국들 중 거부권 행사가 가장 적다는 명예로운 기록을 보유한 중국이 말썽 많은 동맹국인 북한을 위해 명분 없는 거부권 행사를 장기간 계속하는 것은 불가능했을 것이다.

그와 관련된 흥미로운 사례가 한 가지 있다. 과거 1991년 한국 정부는 유엔가입을 추진하는 과정에서 중국 정부로부터 노골적인 거부권 행사 위협에 직면했다. 그러나 당시 한국 정부는 이에 굴복하지 않았다. 중국이 북한을 위해 한두 번은 거부권 행사를 할 것이나 그 이상의 반대는 어려우리라 생각했고, 운이 좋으면 이듬해인 1992년에는 유엔가입이 실현될 수도 있으리라는 생각으로 표결을 강행했다. 그 결과 뜻밖에도 중국은 1991년 첫해부터 거부권 행사를 포기하여 곧바로 우리의 유엔 가입이 실현된 바 있었다.

주로 중국의 강력한 견제 때문에, 2006년에서 2016년 사이에 이루어진 유엔의 대북한 제재조치들은 항목만 많았을 뿐 내용상 별것이 없었다. 대북한 무기금수, 대량파괴무기 부품의 수출, 수송, 금융지원 금지 등 거창한 조치들이 열거되었음에도 불구하고, 그것들은 대부분 이미 사실상 불법화되었거나 제재를 받고 있는 영역들이었다.

그것은 마치 도둑을 체포하여 감옥에 보내거나 체벌을 가하지 않고, 앞으로의 추가적 도둑질을 금지하고 도둑질에 필요한 물품, 장비, 자금의 조달을 제한하는 데 그친 것과도 같았다. 실질적 제재는 사치품 수출 금지 정도밖에 없었다. 이는 도둑질할 때 벤츠차를 타거나 밍크코트를 입는 것을 금지하는 격이었다. 그러나 그나마도 중국의 비협조로 거의 지켜지지 않았다.

국제사회가 실효성 있는 대북한 제재조치를 만들어 내는 데 있어 무엇보다 큰 장애는 두 가지였다. 첫째는 어떻게든 중국의 동의를 받아 만장일치의 제재결의를 채택해야 한다는 한미 외교당국의 강박관념이었고, 둘째는 동맹국인 북한에 너무 심한 압박이 가해져 북한의 체제나 안정이 흔들려서는 안 된다는 중국의 강박관념이었다.

그 때문에 표면상 거창하게 열거된 제재조치 항목들에도 불구하고 북한에게 실질적 고통을 줄만한 제재조치는 별로 없었다. 설사 일부 있었다 해도 그것들은 대부분의 경우 눈에 안 보이는 조건들이 붙어있거나 예외조치의 큰 구멍들이 도처에 숨어 있었다. 또는 중국과의 불법 국경무역을 통해 해결할 수 있는 문제가 태반이었다.

북한이 2017년 7월 두 차례에 걸쳐 ICBM 시험발사를 실시하자 유엔 안보리는 그 다음 달 제8차 대북한 제재결의 2371호를 채택했는데, 이는 유엔 안보리가 채택한 최초의 강력한 제재결의였다. 새로 출범한 트럼프 행정부의 대북한, 대중국 강경입장이 반영된 결과였다. 과거의 제재결의들과는 달리 이 제재조치는 북한산 광물(석탄, 철, 철광석)과 수산물의 수입을 전면 금지하고 북한 노동자의 신규고용을 금지하여 북한의 외화수입을 대폭 차단하는 조항들을 담고 있었다.

그 후 북한이 9월 3일 수소탄 실험이 포함된 제6차 핵실험을 실시하자, 유엔 안보리는 제9차 대북한 제재결의 2375호를 채택했다. 이 결의는 북한산 섬유제품 수입을 전면 금지했고, 북한과의 합작투자를 금지했으며, 대북한 정유제품 공급 상한선을 연간 200만 배럴로 제한했다. 이는 기존의 유류 공급량을 약 30% 줄이는 효과가 있었다. 그 후 유엔 안보리는 12월에 대북한 에너지 공급을 더욱 제한하는 제10차 제재결의 2397호를 채택했다.

이러한 유엔 안보리의 제재조치들보다 훨씬 강력한 제재조치는 그에 앞서 9월 미국 정부에 의해 발동된 '세컨더리 보이콧Secondary Boycott' 행정명령이었다. 동 조치는 북한과 무역 및 금융거래를 하는 외국의 개인, 기업, 금융기관에 대해 미국이 미국 은행시스템 접근금지 등 강력한 제재를 가하는 내용으로서, 외국기업들이 가장 두려워하는 제재조치다.

이처럼 2017년 하반기의 8~10차 제재조치를 통해 유엔 안보리는 북한의 3대 외화소득원인 광산물, 섬유류, 수산물 수출을 전면 금지하는 최초의 실효적 경제제재를 시작했고, 이들 결의안의 이행은 미국의 세컨더리 보이콧 행정명령에 의해 강제되었다.

유엔이 2006년 최초 핵실험 이전에 그런 강력한 제재를 실시했다면 북한의 핵개발은 포기될 수도 지연될 수도 있었을 것이나, 이젠 때가 너무 늦은 느낌이다. 뒤늦게나마 그런 강력한 제재조치가 시행된 까닭에 북한은 2018년 초부터 별안간 미소외교로 전략을 바꾸어 국면전환을 노리고 있다.

2018년 상반기 개시된 남북정상회담, 미북정상회담 등 외교적 이니셔티브를 통해 북한은 무엇보다도 이들 제재조치의 조기 해제를 노리고 있다. 중국과 러시아가 이에 동조하고 있으나, 미국 정부는 북한의 전면 비핵화가 종료될 때까지 제재를 계속 유지한다는 입장이다.

2017년 초 트럼프 행정부의 출범과 더불어 한반도에는 4월 위기설, 8월 위기설 등 미국의 대북한 군사행동 소문이 끊임없이 나돌았었다. 단지 소문으로만 떠돈 것이 아니라, 백악관과 의회 요인들에 의해 대북한 군사조치 문제가 노골적으로 거론기도 했다. 이에 따라 한반도에는 1994년과 2002년에 이어 세 번째로 북핵 위기가 조성되었다.

이로 인해 많은 한국인들이 한반도 전쟁 발발 가능성을 우려하기도 했지만, 사실 미국이 핵보유국인 북한에 대해 선제 군사공격을 한다는 것은 말처럼 그리 간단한 일은 아니다. 만일 그것이 가능했다면 핵개발을 하기 이전에 그리하는 편이 훨씬 쉬웠을 것이다. 1994년에도 못한 일을 북한이 수소탄까지 개발한 2017년 이후에 하는 것은 더욱 큰 위험이 수반되는 일이다.

한반도의 첨예한 군사적 대치상황을 감안할 때, 미국이 이라크 침공이나 리비아 공습 때처럼 토마호크 미사일로 북한을 정밀폭격하고 유유히 사라지는 일은 현실적으로 쉽지 않은 일이다. 물론 북한이 겁에 질려 대응공격을 못할 수도 있고, 공격이 실행되기 직전 마지막 순간에 북한이 굴복하여 결정적 양보조치를 제시할 가능성도 있겠지만, 그런 가능성만 가지고 도박을 할 수는 없는 일이다.

더욱이 북한의 비밀 핵시설과 핵무기 보관소의 위치에 관한 완전한 정보를 갖고 있지 못한 미국으로서는 선제공격을 통해 핵시설을 100% 파괴할 수 있다는 보장도 없다. 따라서 트럼프 행정부가 북한에 대해 공공연히 군사조치를 거듭 경고한 것은 실제로 공격의도를 갖고 있었다기보다는 군사적 위협을 통해 북한의 핵개발 의지를 꺾고 북한의 자발적 핵포기를 유도하려는 의도가 아니었을까 추정된다.

그렇게 추정되는 가장 중요한 이유는, 미국이 굳이 위험하게 군사력을 동원하지 않고도 북한에게 보다 강력한 압박을 가할 수 있는 결정적 제재조치들이 아직 많이 남아 있기 때문이다. 또한 미국과 중국 사이에 벌어지고 있는 살벌한 무역전쟁에 비추어 볼 때, 미국이 그런 강력한 제재조치를 북한에 부과하기 위해 더 이상 중국의 반대에 신경을 쓰고 미중 협력관계에 연연해야할 필요성도 없어졌기 때문이다.

따라서, 향후 미북 협상이 파국을 맞아 제3차 북핵 위기가 재연되는 상황이 도래할 경우, 미국은 우선적으로 추가적 경제제재를 통해 대북한 압박을 강화하는 방향으로 나갈 것으로 추정된다. 북한에 대한 강력한 경제제재 수단은 아직 무수히 많이 남아있다.

무역 전면금지, 투자 전면금지, 대북원조 전면금지, 금융거래 전면금지, 에너지 수출 전면금지, 북한화물 수송 전면금지 등 강력한 압박조치는 아직 무궁무진하며, 제대로 시작도 못한 상황이다. 그러한 제재조치들이 유엔의 제재조치이건 개별적 제재조치인건 간에, 이것이 미국의 세컨더리 보이콧 행정명령과 결합될 경우 대단한 압박효과를 기대할 수도 있을 것이다.

미국과 국제사회가 이제껏 그런 강력한 제재수단을 동원할 수 없었던 것은 무엇보다도 중국의 반대 때문이었다. 따라서 국제사회가 북한 핵문제에 대한 실효적 압박조치를 강화하기 위해서는 중국과의 합의를 전제로 모든 것을 결정하려는 그간의 안이한 타성에서 벗어나는 것이 매우 긴요하다.

만일 중국의 거부권 행사와 견제로 제재조치의 격상이 어려워 질 경우, 미국은 세컨더리 보이콧 제재를 확대함으로써 이에 대응할 수 있을 것이며, 그것으로도 불충분 할 경우는 대북한 군사조치가 다시 검토되는 상황이 도래할 수도 있을 것이다.

6

북한의 핵무장과
한국의 전략적 대안들[16]

북한의 핵개발 완성으로 남북한 사이의 군사적 비대칭성이 심화된 가운데, 이를 극복하기 위한 자체 핵개발, 미국 전술핵무기 재반입 등 한국의 대북한 핵 억지력 확보 문제가 2017년 한 해 동안 한국 내에서 활발히 논의되었다. 여기서는 그런 옵션들이 국민의 지지를 얼마나 받을 수 있는지 여부를 떠나서, 그것이 과연 현실적으로 가능한 일인지, 그리고 북한 핵무기의 위협을 극복하기 위한 효율적 수단이 될 수 있는지에 대한 심층 검토를 해보고자 한다.

인류 역사상 무기의 발전은 이를 보유한 민족과 국가의 흥망성쇠에 결정적 영향을 미쳤다. 이 때문에 고대로부터 현대에 이르기까지 모든 국가들은 효율적인 무기개발에 열을 올리고 있다. 무기의 현저한 차이는 어떤 방법으로도 극복되기가 어려웠던 것이 역사적 현실이었기 때문이다.

그런 면에서 볼 때, 현시점에서 절대무기라고도 할 수 있는 핵무기의

---

16 본장은 필자의 2018년 저서 『북핵 30년의 허상과 진실』 중 해당 내용을 대부분 인용한 것이다.

발명은 그러한 인류의 꿈을 실현한 환상적 발명이었다. 만일 나치독일이 미국보다 먼저 핵무기를 발명했다면 세계 역사는 많이 바뀌었을 것이다. 독일은 유럽전체를 점령하고 영국의 무조건 항복을 받았을 것이며, 미국은 감히 제2차 세계대전에 참전하지 못했을 것이다.

모든 무기의 먹이사슬 맨 위를 차지하고 있는 핵무기는 다른 무기들과 워낙 현저한 차이가 있기 때문에 어떤 방법으로도 다른 무기로 이에 대항하는 것이 불가능하다. 더욱이 일반 핵무기의 수백 배 위력을 가진 수소탄의 경우는 더 말할 나위도 없다.

따라서 핵무기에 대한 억지력 확보는 핵무기로 하는 수밖에 없다. 미국이 1945년 핵무기를 개발하자, 동서냉전 시대에 미국의 최대 적국이던 소련이 1949년 두 번째로 핵무장을 했다. 중국이 1964년 실험을 실시하자 중국과 앙숙 관계이던 인도가 1974년 뒤를 이었고, 인도와 앙숙 관계이던 파키스탄도 인도를 견제하기 위해 1998년 핵무장을 했다.

이러한 국제사회의 살벌한 논리에 따르자면, 북한의 핵무장에 대응해 한국과 일본이 자체 핵무장을 하는 것이 가장 자연스럽고 당연한 귀결일 것이다. 그러나 그러기에는 국제규범이 너무도 엄정하고 가야할 길은 너무도 험난하다. 정상적으로는 그 길을 가는 것이 사실상 불가능에 가깝다고 할 수 있다.

만일 한국이 현 국제규범 하에서 독자적 핵무장을 하고자 한다면, 먼저 NPT 협정에서 탈퇴한 후 핵무기 제조용 농축 플루토늄이나 농축 우라늄을 생산해야 한다. NPT에서 탈퇴하면 비핵화의 법적 의무가 없어져 IAEA의 핵사찰을 받지 않아도 되기 때문이다.

농축 플루토늄은 기존의 원자력발전소를 조금 변칙적으로 운영하여 생성한 폐연료봉spent fuel으로부터 추출할 수 있으나, 연료봉으로부터 핵무기용 농축 플루토늄을 추출해 내려면 거대한 재처리시설을 건설해야 한다. 이는 북한의 1990년대 초기 핵개발 방식인데, 이런 작업을 비밀리에 한다는 것은 불가능하고 국제사회의 온갖 제재와 방해공작에 직면하게 될 것이다.

그것이 부담스러우면 좀 은밀하고 간단한 방법이 있다. 다량의 원심분리기가 설치된 우라늄 농축시설을 비밀리에 건설하여, 한국에서 채광되는 천연우라늄으로부터 핵무기 제조에 필요한 농축 우라늄을 생산하는 것이다. 이 방식은 북한이 2000년대 초 이래 채용하고 있는 방식이고, 이란도 현재 이 방식을 통한 핵개발을 추구하고 있다. 과거 남아공과 리비아도 같은 방식을 통한 핵무기 개발을 추구했었다.

그러나 어떤 방식을 채택하건, 국제규범에 전면 역행하는 핵무기 개발을 한다는 것은 국내적으로 공개토론하고 공론화하여 추진할 수 있는 일은 결코 아니다. 다른 모든 핵보유국들처럼 정부가 모든 책임을 지고 극비리에 추진해야 성공의 기회가 조금이나마 있는 사안이다. 미국의 사전 양해를 받아 핵무기를 개발한다는 구상도 제기되었으나, 이는 있을 수 없는 황당한 가설이다.

만일 한국이 NPT 탈퇴를 선언하면 이는 핵무기를 개발하겠다는 명시적 의사표시에 해당되므로, 국제사회의 제재조치가 즉각 세 갈래로 개시될 것이다.

첫째, NPT 협정과 NSG(핵 공급국그룹) 규정에 따라 한국에 대한 국제사회의 모든 핵물질, 핵시설, 핵기술의 공급이 즉각 자동적으로 중단될 것이다. 이는 원전 가동을 위한 핵연료의 공급 중단을 의미한다. 미국 외의 다른 핵연료 수출국들도 모두 미국과 쌍무적 원자력협정을 맺고 있어, 핵개발에 나선 한국에 핵연료를 공급하지는 못한다.

한국은 원전가동에 필요한 저농축 우라늄을 100% 미국 등 핵 공급국들로부터 수입하고 있다. 따라서 한국이 보유한 20여 개의 원자력발전소는 핵연료 부족으로 대부분 1~2년 내에 가동이 중지되고 한국은 전체 전력생산량의 30% 이상을 상실하게 될 것이다. 후쿠시마 원전 사태 직후의 일본과 유사한 상황에 처하게 되는 것이다.

둘째, 유엔 안보리의 규탄성명과 더불어 미국, 일본, EU 등으로부터의 개별적 경제제재를 각오해야 한다. 과거 인도와 파키스탄도 미국과 일본으로부터 개별적 경제제재를 받았다. 수출의존도가 유난히 높은 한국의 기업들은 국제사회의 무역제재로 심각한 타격을 입게 될 것이다. 이를 방지하기 위해 사전에 미국과 교섭하여 핵개발의 양해를 받자는 아이디어도 있으나 미국이 이를 수락할 가능성은 없고 그럴 권한도 없다.

셋째, 미국으로부터 한국 정부에 대해 엄청난 정치적 압박이 가해질 것이다. 미국은 아마도 한미동맹조약 폐기와 주한미군 철수, 핵우산 철거 및 모든 군사지원 중단을 압박해 올 것이다. 박정희 대통령이 1970년대 후반 북한의 남침을 막고자 핵개발을 시도하려 했을 때 미국은 그런 압박을 가해왔고, 한국 정부는 이에 굴복했었다.

이러한 이유들 때문에, 어떤 희생을 치르고라도 대응 핵능력을 구비해야만 할 극한적인 상황에 도달하고 대다수 국민이 이를 지지하지 않는 한 한국이 독자적인 핵무기 개발에 나서는 것이 현실적으로 어려울 것이다.

한편, 한국과는 달리 일본은 1980년대부터 미국의 동의하에 초대형의 상업용 우라늄 농축시설과 플루토늄 재처리 시설을 운영하고 있고, 세계에서 가장 많은 양의 농축플루토늄을 비축하고 있다. 일본 원전에 사용할 핵연료를 생산하는 로카쇼무라 재처리시설은 매년 8천kg의 농축플루토늄을 생산할 수 있는데, 이는 핵무기 수백 개분에 해당된다.

이처럼 일본은 언제라도 단시간 내에 대량의 핵무기 제조가 가능한 여건을 구비하고 있다. 아베 일본 총리는 관방차관 시절이던 2002년 5월 13일 공개강연에서 "일본이 원자탄을 갖는 건 헌법상 아무 문제가 없다"면서 "결심만 하면 1주일 이내에 핵무기를 가질 수 있다"고 말한 바 있다. 일본 각의도 2016년 핵무기 보유가 평화헌법 제9조에 저촉되지 않는다는 입장을 천명했다.

그러나 일본 역시 한국과 마찬가지로, 극단적 선택이 불가피한 상황이 도래하지 않는 한 국제사회의 제재와 경제파탄을 무릅쓰고 독자적인 핵무기 개발에 나설 가능성은 매우 적다. 다만 일본의 경우는 핵개발의 결단을 내릴 경우 한국보다 상대적으로 유리한 점이 세 가지 있다. 따라서 극한적 상황에 처할 경우 한국보다는 일본이 핵개발을 강행하기에 용이한 조건을 갖추고 있다.

첫째, 일본은 마음만 먹으면 새로운 시설의 건설 없이 기존 우라늄 농축시설을 이용하여 아마도 수개월 내에 핵무기 제조가 가능하다. **둘째**, 일본은 세계에서 가장 많은 양의 플루토늄과 우라늄을 국내에 보관하고 있어, 핵개발로 인해 국제사회의 핵연료 공급이 중단되더라도 국내 원자력발전소의 핵연료를 상당기간 자급할 수 있다. **셋째**, 일본 경제는 무역의존도가 한국보다 크게 낮아서 핵개발에 따른 국제사회의 무역제재에 더 잘 견딜 수 있다.

국제적 제재 때문에 한국의 독자적 핵무장이 어렵다면, 미국의 전술핵무기를 주한미군에 다시 배치하는 것은 현실적인 대안이 될 수 있을까? 주한미군의 전술핵무기는 북한의 남침 가능성이 우려되던 1960년대부터 배치되어 1980년대에도 150여 기가 배치되어 있었으나, 냉전 종식과 더불어 1991년 미국 부시 행정부의 해외 전술핵무기 전면철수 선언으로 완전 철수되었다.

주한미군 전술핵무기의 재배치 문제는 우선 미국의 동의를 전제로 하는 것인데 미국이 이에 동의할지 의문이고, 한국 국내여론의 반응도 미지수다. 순수한 방어목적의 사드 포대 배치조차 어려운 이 땅에 전술핵무기를 반입하는 것이 과연 가능할 것인가? 그것이 북한의 강력한 심리전 공작과 중국의 거센 반발, 국내 특정 정치세력의 반대를 극복하고 국민여론의 지지를 받을 수 있을 것인가?

또한 설사 갖은 고난을 극복하고 전술핵무기가 한국에 재반입 된다하더라도, 파괴력의 차이가 너무도 커서 북한 핵무기에 대한 억지력을 발휘하기는 어렵다. 전술핵무기는 국지적 전투에 사용되는 극소형의 핵무기로서, 핵무기라기보다는 초강력 재래식 폭탄에 가까운 무기다. 전쟁용이 아닌 전투용 무기이기에 '전술핵무기'라 불린다. 따라서 이것으로 북한의 전략핵무기를 견제할 수는 없다. 이는 마치 탱크의 공격에 권총으로 대항하는 것과 마찬가지다.

그보다는 차라리 일본이 동경 인근의 요코스카항에 미국 제7함대 모항을 유치했듯이, 핵무기가 적재된 미국 항공모함이나 핵잠수함의 모항을 한국에 설치하여 미국의 전략핵무기가 한반도에 교대로 상주하는 체제를 갖추는 것이 훨씬 현실적인 대안이 될 수 있을 것이다.[17] 그러나 사드 1개 포대 배치도 어려운 이 나라의 정치풍토에서 정부와 국민이 그런 정치적 결단을 내릴 수 있을 것으로 보이지 않는다.

북한핵에 대한 대응방안 중 하나로 핵잠수함을 건조하자는 견해도 제시되었으나, 이는 핵을 추진연료로 사용하는 무기일 뿐, 대북한 핵 억지력과는 무관한 사안이다. 미국이 다수의 핵잠수함을 운용하는 이유는 아래 두 가지인데, 한국의 경우는 두 가지 모두 해당사항이 없다.

핵잠수함의 가장 중요한 첫 번째 용도는 적의 감시를 피해 깊은 해저에 다량의 핵무기를 저장해두는 핵무기 비밀저장소의 역할이다. 이는 가상적국의 기습적인 선제 핵공격에 대비하기 위한 조치이다. 미국의 주력 핵잠수함인 오하이오급 핵잠수함에는 트라이던트II 다탄두 핵미사일 24기가 장착된다. 24개의 미사일에 탑재된 수소탄 탄두를 모두 합치면 최대 336개로서, 히로시마 원폭 1천600개에 달하는 위력이라 한다. 웬만한 핵보유국의 전체 핵무기 보유량을 능가하는 숫자다.

핵잠수함의 두 번째 용도는 해저의 장거리 크루즈미사일 발사기지 역할이다. 미국 핵잠수함 중 일부는 냉전 종식 후 개조되어, 핵미사일 대신 토마호크 미사일을 100기 이상 싣고 다닌다. 이들은 북극해나 인도양 해저 깊은 곳에 은신하다가, 명령이 떨어지면 장거리에서 사거리 3천km의 크루즈 미사일을 발사한다. 과거 미국의 2003년 이라크 침공, 2011년 리

---

17 미국 제7함대는 일본 요코스카항을 모항으로 하여 사세보항, 괌, 싱가포르 등 서태평양에서 활동하며, 항공모함과 핵잠수함, 이지스함을 포함한 50~60척의 함선과 350대의 항공기, 6만 명의 해군과 해병으로 구성되어 있다.

비아 공습 등에 핵잠수함이 이런 용도로 동원되었던 것으로 알려져 있다.

만일 한국이 북한의 핵위협을 억지하기 위해 자체 핵개발도 전술핵무기 반입도 하지 않는다면, 그 밖에 취할 수 있는 조치는 무엇인가? 비록 북한의 핵무기를 완벽히 견제할 수는 없어도 북한의 평시 핵위협에 대처하고 유사시 실제 핵공격 가능성에도 비교적 효과적으로 대비할 수 있는 방법이 없지는 않다.

적국의 핵미사일에 대한 방어수단으로서 세계적으로 가장 널리 사용되고 있는 것은 미사일 방어MD 체계다. 이는 미사일로 미사일을 격추시키는 최첨단 방어체계로서, 최근 과학기술의 발전에 따라 정확도가 지속적으로 향상되고 있다. 세계적으로 미국, 러시아, 이스라엘이 최선두에서 수요자 겸 공급자의 위치에 있고 일본이 그 뒤를 따르고 있다.

한국의 사드 배치에 그토록 반대하던 중국도 여러 곳에 러시아산 S-300을 이용한 저고도 미사일 방어망을 설치했고, 2018년 6월에는 러시아판 사드라 불리는 고고도 미사일 방어 체계인 S-400 트리움프 6개 포대를 한반도 인근 산둥반도 등에 배치했다. 중국은 남중국해의 남사군도에 불법적으로 건설 중인 4개 인공섬에도 미사일 방어망을 설치중인 것으로 관측되고 있다.

반면에 한국의 미사일 방어망은 2018년 현재 주한미군의 패트리어트 PAC-3 약 200기와 사드 1개 포대 48기가 전부이고, 2020년부터 136기의 PAC-3 1개 포대가 한국군에 처음 도입될 예정인 것을 알려졌다.[18] 한

---

18 패트리어트 PAC-3 미사일 1개 포대는 8개 발사대에 각 16발의 미사일이 장착되어 총128기의 요격미사일로 구성된다. 사드(THAAD) 1개 포대는 6개의 발사대에 각 8발의 미사일이 장착되어 총 48기의 요격미사일로 구성된다.

국군이 보유한 구형 패트리어트 PAC-2는 요격고도도 낮고 주로 적군 항공기를 요격하기 위한 방공시스템이어서 미사일 요격에는 한계가 있다.

한편, 패트리어트 미사일은 방어반경이 매우 짧아서 그것이 설치된 공군기지나 시설 인근을 방어하는 역할 밖에 하지 못한다. 반면에 사드는 반경 200㎞ 내의 모든 지역을 방어할 수 있다. 따라서 2018년 현재 대한민국을 방어하는 미사일 방어망은 사실상 1개 포대 48기의 사드 미사일 밖에 없는 셈이다. 특히 사드의 사거리 밖에 있는 서울은 아무런 보호막이 없이 완전히 벌거벗은 상태다.

1천기에 달하는 북한 중단거리 미사일의 위협을 20여 년 전부터 받고 있고 그에 더하여 새로이 북한 핵미사일의 위협까지 받고 있는 한국의 안보상황에 비추어 볼 때, 이는 대단히 취약한 미사일 방어망이며 국가 안보 정책상의 중대한 허점이 아닐 수 없다.

중국이 한반도 인근 동해안에 배치한 S-400 미사일 방어망은 탄도미사일과 크루즈미사일을 모두 방어하며, 이 한 개의 미사일 체계로 저고도 미사일과 고고도 미사일을 모두 한꺼번에 요격할 수 있다는 것이 제조국인 러시아 측의 주장이다. 이 미사일의 사거리는 400㎞로 사드 미사일(200㎞)의 두 배다. 중국이 이 미사일을 산둥반도에서 발사하면 한국 서해안 상공까지 날아온다. 또한 S-400의 레이더는 탐지거리가 700㎞여서 산둥반도에서 한반도를 깊숙이 들여다볼 수 있다. 이에 비해 경북 성주에 설치된 사드는 요격 사거리가 서울에도 미치지 못하고, 교전 탐지거리가 600㎞인 사드 레이더로는 겨우 중국 변경을 탐색할 정도에 불과하다.[19]

---

19 중앙일보, 2018.8.17., '[김민석의 Mr. 밀리터리] 사드 보복 중국, 산둥반도에 '러시아판 사드' S-400 배치' 기사 참조.

미사일 방어(Missile Defense)

구분	요격체 명칭	요격고도	요격방식	속도	추진체	제조사
저고도방어	PAC-3	60m-30km	hit-to-kill	마하5	1단/고체	록히드마틴
	PAC-3 MSE	60m-40km	hit-to-kill	마하5	1단/고체	록히드마틴
고고도방어	THAAD	40-150km	hit-to-kill	마하8	1단/고체	록히드마틴
해상방어	SM-3	70-500km	hit-to-kill	마하10	3단/고체	레이시온
	SM-3 block 2A	70-1,500km	hit-to-kill	마하15	3단/고체	레이시온+미쓰비시
외기권방어	GMD	500-2,000km	hit-to-kill	마하30	3단/고체	레이시온

현재 미사일방어 기술은 ①저고도 미사일방어 체계인 패트리어트 PAC-3, ②고고도 미사일방어 체계 사드, ③그보다 훨씬 높은 고도를 비행하는 중거리미사일과 ICBM을 막기 위한 해상 미사일방어 체계 SM-3, ④그보다 더 높은 우주궤도를 날아가는 ICBM을 요격하기 위한 외기권 미사일방어 체계 GMD 등 4단계 시스템이 구축되어 있다.

이들 요격미사일은 과거 걸프전에서 처음 실전 사용된 이래 지난 30년간의 과학기술 발전에 힘입어 최근 매우 높은 요격 성공률을 보이고 있다. 특히 고고도 방어체계인 사드는 2001년부터 2017년까지 총 13회의 시험발사에서 100%의 명중률을 기록하여, 가장 신뢰도가 높은 미사일 방어 체계로 손꼽히고 있다.

같은 기간 중 저고도 요격체계인 패트리어트 PAC-3는 86.2%, 해상 이지스함 요격체계인 SM-3는 83.3%의 적중률을 기록했다. 실제 전투에서는 이들 미사일을 동시에 두발씩 동시에 쏘도록 되어 있어, 그중 한발이라도 적중할 확률은 PAC-3가 98.1%, SM-3가 97.2%에 달한다.

이들 중 한국이 필요로 하는 요격체계는 PAC-3, THAAD, SM-3 등이다. 특히 SM-3의 경우, 요격고도가 사드보다 훨씬 높아서 북한이 요격을 피하기 위해 한국을 향해 고각도로 발사하는 핵미사일도 요격할 수 있다. 또한 육상이 아닌 이지스 구축함에 설치되므로 사드 배치 때와 같은 국내적 소동도 피할 수 있다.

이를 한국 이지스함에 설치하려면 척당 5천만 달러 수준의 경비가 소요된다 하는데, 이는 북한이 그간 핵개발과 미사일 개발에 소모한 20~30억 달러의 경비와 비교하면 그리 큰 금액은 아니다. 또한 한국이 독자 핵무장을 결행할 때 국제사회의 제재로 인해 지불해야 할 고도의 정치적, 경제적 비용과 비교하면 훨씬 저렴한 비용이다.

다만 한국에 이러한 미사일 방어망이 도입될 경우 북한이 천신만고 끝에 구축한 '핵무력'과 이를 근간으로 하는 대남전략이 상당부분 무력화 될 것이므로, 한국의 미사일 방어망 구축을 저지하기 위한 북한의 격렬한 위협공세와 대남 여론공작이 예상된다. 그러한 북한의 방해공작을 극복하기 위해서는 무엇보다도 이에 대처하는 정부의 강력한 국가안보 의지 여하가 중요한 관건이 될 것이다.

7

향후 북한 핵문제의
네 갈래 길[20]

향후 북한 핵문제의 앞길에는 논리적으로 네 갈래의 길이 있다. 그 중 어느 길로 가게 될 지는 아무도 모른다. 한 가지 분명한 것은, 북한 핵문제의 일차적 당사자인 한국의 역할은 거기에 없다는 점이다. 한국 정부 스스로가 거기에 직접 관여하기를 원하지 않고 다분히 중재자 내지는 관객으로 남기를 원했기 때문이다.

첫 번째 길은 북한이 오래전부터 가장 선호하는 단계적, 상호주의적 해결방식이다. 북한이 동결, 신고, 검증 등 비핵화 초기단계 조치를 시차를 두고 단계적으로 이행하면 미국이 그에 상응하는 제재조치 일부 해제, 종전선언, 한미훈련 영구중단, 경제지원 등 상응조치를 취하는 방식이다. 물론 최종단계인 핵시설 해체, 핵무기 국외반출 단계가 되면 제재 전면해제, 미북 수교, 평화협정, 주한미군 감축 또는 철수 등 더욱 큰 대

---

20 본장은 필자의 2018년 저서 『북핵 30년의 허상과 진실』 중 해당 내용을 대부분 인용한 것이다.

가가 필요할 것이다.

이 방안은 그동안 실패가 여러 차례 입증된 길이고, 궁극적으로 핵폐기에 도달할 가능성이 가장 적은 길이다. 북한은 동결, 신고, 검증 중 어느 단계까지 수용할 수 있을까? 북한이 이미 최소 20~30개의 핵무기를 보유하고 있고 북한 핵시설의 정확한 위치와 핵무기 숫자가 확인되지 않은 상황 하에서 신고와 검증이 전제되지 않은 동결은 아무 의미가 없다. 무엇을 동결하는 것인지 대상도 불분명하고 따라서 동결의 이행을 검증하는 것도 불가능하기 때문이다.

북한은 핵실험 중단, 장거리미사일 시험발사 중단, 영변 핵시설 폐기 정도로 '위장된 비핵화'를 시작하고 그에 대한 대가를 받아내는 방식의 협상을 추구할 것으로 보이나, 이러한 방식의 합의는 영변 핵시설보다 훨씬 많은 양의 핵물질을 매일 생산하고 있는 은닉된 우라늄 농축시설의 지속적 가동을 방치하는 치명적 결함을 내포하고 있다.

그렇다면 북한은 초기단계 핵합의에서 불가결한 요소가 되어야 할 모든 핵시설, 핵물질, 핵무기의 신고를 제대로 할 수 있을까? 그리고 그 신고에 대한 국제사회의 검증을 받아들일 수 있을까? 아마도 그건 기대하기 어려울 것이다. 과거 북한은 한 번도 정확한 신고를 한 적이 없고, 그에 대한 검증을 수락한 바도 없다. 더욱이 이번 핵신고에는 과거와는 달리 공개된 핵시설과 핵물질 뿐 아니라 숨겨진 비밀 우라늄 농축시설과 핵무기 저장소까지 포함되어야 하기 때문에, 북한이 전면적 핵신고와 검증을 수락할 가능성은 상상하기 어렵다.

북한의 은닉된 핵시설의 위치에 관한 정확한 정보는 미국의 대북한 군사행동 가능성과 직결된 민감한 사안이다. 최근 워싱턴포스트의 우드

워드Bob Woodward 부편집인이 출간한 신간서적 『백악관 안의 트럼프Fear: Trump in the White House』에 따르면, 트럼프 행정부에 앞서 오바마 행정부도 대북한 공습을 검토한 바 있었으나 그 경우 북한 핵무기와 핵시설의 85% 밖에 파괴하지 못한다는 국방부의 보고를 받은 오바마 대통령이 '좌절과 분노를 느끼면서' 선제공격안을 포기했던 것으로 기술되어 있다.

따라서 북한이 핵시설의 전면 신고를 전제로 하는 '검증된 전면 핵동결'을 실시하는 것은 북한의 '진정한 핵포기 의지'가 전제되지 않는 한 불가능할 것이다. 북한은 아마도 핵실험 중단과 미사일 시험발사 중단 및 영변의 공개된 핵시설의 점진적, 부분적, 단계적 폐기만으로 첫 단계를 시작하여, 그 단계에서 제재해제 등 모든 필요한 반대급부를 얻어낸 후 협상을 무기한 표류시키려 할 가능성이 크다. 또는 9·19공동성명 때처럼 핵시설과 핵물질에 대해 부실신고를 한 후, 그에 대한 국제사회의 검증을 회피하고 거부하려 할 것이다.

그 둘 중 어느 경우가 되건, 북한의 진정한 비핵화에는 한 발짝도 더 다가갈 수 없는 상황이 될 것이다. 그리되면 아마도 그것이 미북 협상의 종말이 될 것이고, 북한은 협상결렬 후 그때까지 얻어낸 반대급부들을 향유하면서 핵보유국으로서 자족하게 될 것이다. 따라서 이 방식은 북한의 핵무장을 영구화시키는 첩경이 될 것이다.

두 번째 길은 위의 두 가지 방식에 대한 상대측의 뿌리 깊은 의구심을 해소하기 위해 모든 것을 한꺼번에 합의하고 한꺼번에 이행하는 방식이다. 말하자면 미국이 원하는 '선 핵폐기'도 북한이 주장하는 '후 핵폐기'도 아닌 '동시 핵폐기' 방식이다. 기술적 어려움이 없지는 않으나, 정치적 의지만 있다면 그리 크게 어려운 건 아니다.

예컨대 사전합의를 통해 특정한 날짜나 짧은 기간(1~2주일 이내)을 설정한 후, 북한은 신고와 동시에 즉시 검증을 시작하고, 그와 병행하여 신고한 핵시설과 핵무기의 즉각적 폐기 및 국외반출을 실시할 수 있다. 또한 미국은 같은 시점에 제재해제, 경제지원, 종전선언, 한미합동훈련 영구중단, 주한미군 감축 또는 철수 등을 동시에 공식 천명하고 즉각 이행할 수 있다. 북한의 의구심 해소를 위해 핵물질과 핵무기의 국외반출은 미국이 아닌 북한의 동맹국 중국으로 하고 IAEA가 이를 감시토록 할 수도 있을 것이다.

어떤 논객들은 핵시설 해체에 최소 수년의 시간이 걸린다는 이유로 이러한 동시조치가 불가능하다고 주장하기도 하나, 이는 사실과 다르다. 국제사회의 경험상 핵시설의 '전면 해체'에는 20~30년의 장구한 세월이 소요되는 것이 사실이다. 그러나 정치적 의지만 있다면 북한 핵시설의 폐기는 불과 몇주일 내에도 할 수 있다. 예컨대 체르노빌 원전의 선례처럼 원자로의 노심 등 핵심부분에 콘크리트를 부어 영구히 불능화하는 방식으로 얼마든지 해결이 가능하다.

이런 방식의 파격적 비핵화는 북한의 진정한 핵포기 의지가 전제되어야 합의가 가능하다. 만일 협상을 통해 시간을 벌고 제재 해제와 '핵보유국 권리'를 확보하는 것이 북한의 목표라면, 이러한 방식의 비핵화를 수락할 가능성은 없다. 북한이 이러한 방식의 핵폐기를 수용하지 않는다는 것은 북한이 궁극적으로 핵을 포기할 의사가 없음을 시사하는 증거이기도 하다.

2018년 6월 싱가포르 정상회담에 앞서 미국은 다분히 이러한 방식의 북한 비핵화를 추구했던 것으로 추정된다. 그러나 사전협상 과정에서 북한의 강한 저항에 직면함에 따라 정상회담에서 아무런 합의를 이룰 수 없었고, 후속협상에서는 점차 초심을 잃고 북한이 주장하는 단계적 접근방식으로 기울어 가는 모습이다.

세 번째 길은 북한과의 게임에 지친 미국이 '북한의 비핵화 약속 불이행'을 이유로 협상 결렬을 선언하고 미북 정상회담 이전으로 복귀하는 경우다. 이는 미국의 대북한 추가 제재와 군사적 옵션의 부활이 수반되는 한반도 핵위기의 재개를 의미한다. 이러한 가능성은 이미 미국 의회와 학계를 중심으로 거론되기 시작했다.

트럼프 행정부의 입장에서는 협상에 아무 진전이 없을 경우 이러한 선택이 불가피할 것이고 그 명분도 이미 많이 축적되어 있다. 다만 그 경우 싱가포르 미북 정상회담을 '성공적 정상회담'으로 선포한 트럼프 대통령이 실패를 자인해야 하는 국내정치적 어려움이 있다.

그러나 설사 미북 협상이 파국을 맞더라도 미국이 쉽사리 군사적 옵션을 선택할 수는 없을 것이며, 일차적으로는 대북한 경제제재의 대폭 강화에 중점을 두게 될 전망이다. 그간 10차례의 유엔 제재조치를 통해 국제사회의 대북한 제재가 많이 강화되기는 했으나, 그 내용은 ①북한산 광물, 수산물, 섬유제품 수입금지와 ②원유, 정제유의 수출상한선 설정, ③핵개발 관련 기업과 개인에 대한 개별제재 등으로서, 아직은 부분적 제재의 범주에 머무르고 있다.

이 단계를 넘어서는 전면제재의 옵션은 아직 많이 남아있고 시작도 되지 않았다. ①무역 전면금지total trade embargo, ②외환거래 전면금지, ③

유류공급 전면금지, ④원조 전면금지, ⑤투자 전면금지, ⑥북한화물 수송 전면금지 등이 가용한 옵션이 될 수 있을 것이다.

물론 이러한 강력한 제재를 선택하려면 중국, 러시아 등 북한 후견국가들의 저항도 클 것이고 이를 관철하는 과정에서 미국이 감내해야 할 비난과 희생도 클 것이다. 그러나 한 가지 확실한 것은, 미국이 이러한 제재조치 강화를 위해 지불해야 할 대가가 아무리 크다 할지라도 미국의 대북한 군사행동이 초래할 위험이나 희생과는 비교가 안 되게 작다는 점이다.

이러한 강력한 대북한 제재조치의 채택은 미국을 대북한 군사조치의 불확실성으로부터 자유롭게 해 주고, 국내정치적으로 미국 주류사회의 지지 확대에도 도움이 될 것이며, 가능성이 크지는 않으나 북한이 제재에 견디다 못해 핵을 포기하는 불가피한 정치적 결단을 내리게 될 가능성도 있다.

이 때문에 미국은 설사 한반도 핵위기가 재개된다 하더라도 비군사적 제재의 강화에 중점을 둘 전망이다. 이러한 제재강화가 장기간 효과를 보지 못 할 경우, 미국은 언젠가 마지막 수단으로 군사력 사용의 옵션으로 다시 눈을 돌리게 될 지도 모른다. 그러나 군사적 옵션의 선택은 미국으로서도 생각처럼 그리 쉬운 선택은 아니다.

그 이유는 두 가지다. 첫째로 정상회담과 국무장관 방북을 통해 이미 속내를 많이 드러내 보인 미국이 북한에게 군사적 위협을 재차 들이대는 것이 과연 효과가 있겠는가 하는 의문이 있기 때문이다. 군사적 위협을 통한 치킨게임은 자신의 본래 의도를 상대방에게 철저히 숨기고 공격적 자세를 극대화함으로써 비로소 효험을 볼 수 있는 것인데, 그러기에는 미국과 북한 사이의 '우호적인' 고위급 대화가 그간 너무 많았다.

둘째로, 북한이 미국의 군사적 위협에 끝까지 굴복하지 않을 경우 미국이 군사력 사용을 실행에 옮기는 것이 쉬운 일은 아니기 때문이다. 앞에서도 설명한 바 있듯이, 군사행동의 대상이 될 북한의 핵시설과 핵무기 저장소에 대한 정확한 정보가 불충분하여 군사행동의 성공적 결과를 확신할 수 없는 상황이다. 또한 그러한 군사행동이 부분적 무력충돌로 연결될 가능성을 배제할 수 없고, 군사행동에 대한 한국 정부의 동의나 협조를 얻는 것도 기대하기 어려운 것이 현실이다.

네 번째 길은 미국과 북한의 비핵화 협상이 결정적으로 진전도 되지 않고 그렇다고 위기상황이 도래할 만큼 악화되지도 않는 애매한 상황이 장기간 지속되는 상황이다. 이는 현실적으로 가능성이 매우 큰 상황전개 방향이기도 하다.

만일 이런 상태가 장기간 지속된다면 북한의 핵보유는 점점 공고하게 기정사실화될 수밖에 없고, 시간이 지남에 따라 대북한 제재조치에도 여기저기 구멍이 뚫려 상당부분 유명무실하게 될 가능성이 있다. 다시 말해서, 북한이 추구해 온 '핵보유국 북한'의 기정사실화와 제재해제가 사실상 모두 실현되어 인도, 파키스탄에 이은 9번째 핵보유국 탄생이 현실화될 가능성이 크다.

북한은 2018년 초에 각국 언론을 초청하여 핵실험장을 폭파하는 행사를 연출했고, 미국을 자극하지 않기 위해 장거리미사일 시험발사를 잠정 중단했다. 그러나 그 이면에서 다른 모든 핵활동은 활발히 계속되고 있다. IAEA가 2018년 9월 사무총장 연설과 보고서를 통해 공식 발표한 바에 따르면, 북한은 미북 협상이 시작된 이후에도 핵개발 활동을 계속하고 있고 "북한이 핵활동을 중단했다는 아무런 징후도 포착하지 못했다"는 것이다.[21]

이처럼 비핵화의 진정한 진전이 없는 미북 협상의 장기화로 '핵보유국 북한'이 기정사실화 될 가능성에도 불구하고, 트럼프 대통령이 국내 정치적 이유에서 이 길을 선택하기로 결정할 경우 이에 저항하거나 막으려 나설만한 나라는 현재로서는 눈에 띄지 않는다. 만일 누군가가 트럼프 대통령의 발목을 잡는다면 그건 아마도 미국 의회나 일본 정부 정도가 고작일 것이다.

만일 그런 상황이 실제로 전개되어 북한의 핵보유가 기정사실화 되는 결과가 초래된다면, 이는 1994년의 제네바합의와 2005년의 9·19공동성명에 이어 북한이 이루어 낸 또 하나의 커다란 외교적 승리로 역사에 기록될 것이다. 어쩌면 현재 미북 협상에 임하는 북한 당국의 가장 현실성 있는 목표는 바로 그것인지도 모른다.

지금까지 설명한 네 갈래의 길은 모두 나름대로의 장단점과 동시에 성공과 파국의 요소들을 내포하고 있다. 미국과 북한이 어느 길을 선택하여 어떤 합의를 하게 될지는 아무도 모른다. 그러나 어떤 상황에서도 번복 불가능한 '나쁜 합의'는 절대 있어서는 안 된다. "나쁜 합의는 합의가 없는 것만도 못하다A bad agreement is worse than no agreement."는 말은 외교가의 정설로 통한다. 왜냐하면 나쁜 합의는 미래에 좋은 합의가 생길 가능성마저 봉쇄하기 때문이다.

---

21 2018.9.10. IAEA 이사회에서의 사무총장 연설 및 사무국 보고서 참조.

어느 방식을 택하건 협상을 통해 북한의 비핵화를 결정적으로 실현시키는 결과가 도출된다면 더 바랄 것이 없겠지만, 그것이 어려운 상황이라면 최소한 번복되기 어려운 나쁜 합의bad agreement는 이루지 않도록 해야 할 것이다. 이를 위해서는 두 가지 점에 특별히 유의할 필요가 있다.

첫째, 국제사회의 대북한 제재조치를 일부라도 해제함으로써 북한의 핵포기 의지를 더욱 약화시키고 북한의 핵보유를 기정사실화 해주는 실책을 저질러서는 안 될 것이다. 현재 진행 중인 미북 핵협상에서 북한의 최우선 목표는 제재해제를 통해 인도, 파키스탄과 같은 이른바 '핵보유국 권리'를 확보하는 것이다. 이를 감안할 때, 제재조치 중 일부라도 조기에 해제된다면 북한이 전면 비핵화를 수락하고 이행할 이유는 그만큼 줄어들게 될 것이다.

제재조치가 해제되지 않는 한 시간은 북한 편에 있지 않기 때문에 북한이 협상을 회피하거나 고의로 타결을 지연시키지는 못할 것이다. 설사 협상이 결렬된다 하더라도, 제재조치가 지속되는 한 협상은 추후에 언제라도 더 유리한 조건에서 재개될 수 있을 것이다. 만일 장기간의 제재조치에 따른 경제난으로 북한이 체제의 위기에 직면하게 될 경우에는 북한의 비핵화에 관한 보다 진지한 협상이 시작될 수도 있을 것이다.

그러나 만일 미국이 북한의 부분적이고 형식적인 비핵화 조치의 대가로 제재해제를 조급하게 시작한다면, 그 순간부터 협상은 지연되고 비핵화 합의는 벽에 부딪치게 될 것이다. 9·19공동성명 이행과정에서 미국이 테러지원국 제재를 해제하기가 무섭게 북한이 협상을 파국으로 몰고 갔듯이. 다행히 미국 재무부는 미북 비핵화 협상에도 불구하고 '최종적이고 완전하게 검증된 비핵화FFVD: final, fully verified denuclearization를 달성할 때까지 제재가 유지될 것'이라는 입장을 고수하고 있다.

둘째, 북한과의 핵협상 타결을 위해 한반도 안보의 중추를 구성하는 사안들을 섣불리 협상도구로 남용하는 일은 없어야 할 것이다. 설사 북한이 불가역적 비핵화에 동의하고 이를 실제로 일부 이행한다 할지라도, 그 대가로 북한이 지난 반세기 동안 대남전략 차원에서 추구해 온 평화협정 체결, NLL 폐지, 주한미군 철수, 한미동맹 해체 등을 충족시켜 줄 경우 한반도의 평화는 북한의 비핵화 이전보다 더욱 큰 위험에 직면할 수 있다.

더욱이 이러한 모든 것을 양보하고도 북한의 완전한 비핵화를 확보하지 못해 일부 은닉된 핵물질과 핵무기가 잔존하는 '위장된 비핵화'에 도달하게 될 경우, 한국의 안보에 미칠 파괴적 영향은 더욱 심각할 것이다. 북한의 은닉된 비밀 핵시설과 핵무기 저장소에 관한 미국의 정보력에 한계가 있는 현실을 감안할 때, 그러한 위장된 비핵화가 현실화 될 가능성은 결코 간과될 수 없다.

따라서 그러한 최악의 사태가 도래했을 때 즉각 철회되거나 원상복구될 수 없는 중요한 안보사안들을 대북 핵협상의 흥정거리로 남용하는 것은 최대한 자제해야 할 것이다. 만일 그런 실책이 발생한다면, 미국은 과거 북한의 5MW 원자로 냉각탑 폭파쇼에 대한 대가로 대북한 테러지원국 제재를 해제했을 때 겪었던 난관보다 훨씬 큰 어려움들에 직면하게 될 것이다.

미국이 북한과의 협상에서 위의 두 가지 실책을 저지르지만 않는다면, 설사 이번 미북 협상이 실패하더라도 협상은 훗날 언제라도 새롭게 재개될 수 있다. 왜냐하면 북한이 그들의 한반도 전략을 완성하기 위해서는 미국으로부터 받아내야 할 양보가 아직 많이 남아있기 때문이다. 그러나 미국의 실책으로 인해 북한이 이번 협상에서 원하는 것들을 상당부분 얻을 수 있게 된다면 북한은 다시는 협상 테이블로 돌아오지 않을지도 모른다.

제4장 혼돈과 위기의 한반도게임

1

남·북·미 게임의
기울어진 체스판[22]

　한반도 문제에 있어서 남북관계와 미북관계는 거의 항상 제로섬 게임
의 관계에 있다. 제로섬 게임은 게임에 참가하는 모든 사람의 이익의 합
이 제로가 된다는 뜻이다. 즉, 어느 한사람에게 이득이 되면 다른 사람
에게는 그만큼의 손해가 발생한다는 것이다. 북한은 이 게임에 매우 익
숙하다. 때로 한국과 미국을 경쟁시키고 불신하고 대립하게 함으로써
최대한의 이익을 챙기는 기량이 대단히 뛰어나다.

　미북관계가 잘 나가면 북한은 한국을 거의 거들떠보지도 않는다. 그
러나 미북관계가 교착상태에 처하거나 파국에 이르면, 북한은 미국에게
서 얻을 수 없는 어떤 이익을 한국으로부터 대신 얻기 위해서, 혹은 미
국과 한국을 이간시키거나 한국을 대미 협상에 이용하기 위해 한국
측과 상당한 수준의 대화를 갖기도 한다. 그러나 북한의 최우선 순위는
항상 미북 협상이다.

---

22 본 장의 일부 문장과 표현은 필자의 2010년 저서 『게임의 종말 : 북핵 협상 20년의 허상과 진실』에서 인
　용된 것이다.

한반도 문제와 관련된 여러 핵심현안들에 있어서, 북한은 한국을 아예 협상대상으로 생각하지도 않고 모든 것을 미국과 처리하겠다는 고집스런 입장을 1950년대 이래 내내 고수해 왔다. 그리고 그 입장에는 아직 변화가 없다. 북한에게 있어서 한국은 단지 미국의 종속변수일 뿐이다. 그러한 구도는 「한반도 평화체제에 관한 4자회담」과 「북핵 6자회담」에서도 별로 다를 게 없었다.

남북한 간에 미국을 제외한 직접 협상이나 회담이 이루어지더라도 이는 교류협력이나 경제적 지원 같은 순수한 남북한 사이의 문제에 국한되었다. 그나마도 대부분의 경우 북한은 그 회담에서 어떤 합의나 진전을 추구하기보다는 단지 한국과의 '회담 개최에 동의해 준 대가로' 커다란 경제적 반대급부를 뜯어가는 데 주된 관심을 기울이는 것이 상례였다.

그러다 보니 남북한 대화에서 북한이 싫어하는 의제는 거론조차 되기 어려웠다. 대부분의 역대 한국 정권들을 북한과의 대화에서 껄끄러운 북한 핵문제나 개혁개방 문제, 인권문제, 탈북자 문제 등은 논의하기를 꺼렸고, 북한의 환심을 사기 쉽고 합의하기도 쉬운 경제지원이 논의의 중심이 되었다. 이러한 남북대화의 양태는 통일 이전 동·서독 간 대화와 비교할 때 매우 대조적이다.

남북한과 미국 사이의 삼각관계가 예전부터 그랬던 건 아니었다. 북한은 이미 1970년대부터 미국과의 직접협상을 집요하게 추구했으나, 한국 정부가 이를 허용하지 않았고 미국도 굳이 북한과 대화하려는 생각은 없었다.

노태우 정부 당시 개최된 남북한 총리 간의 남북 고위급회담(1989~92년)

에서는 군사문제, 안보문제, 정전체제, 교류협력문제 이르기까지 한반도 문제의 예민한 핵심 쟁점들을 총망라한 남북 기본합의서와 분야별 이행합의서가 채택되었다. 당시는 남북한 간 역학관계에서 남한이 확고한 주도권을 가지고 있었기에, 합의서 내용도 주로 한국 측 주장이 대부분 포함되었고, 그러한 합의에 대한 대가로 경제적 반대급부를 제공하는 일은 전혀 없었다. 이는 후대의 많은 남북 간 합의 내용과 매우 대조적인 대목이다.

이 시기의 남북관계는 한국 정부가 확고한 주도권을 쥐고 운영해 나갔고, 거기에 미국이나 중국이 끼어들 여지는 전혀 없었다. 그 당시는 북한의 대미 접촉이 철저히 봉쇄된 시절이었으므로 '통미봉남'이나 '한미공조' 같은 용어는 아예 존재하지도 않았다. 또한 그 당시에는 한국이 북한에게 회담 개최의 대가로 아무런 인도적, 경제적 지원도 한 적이 없었고 북한이 그것을 요구한 적도 없었다.

한편, 북한과의 대화에 별다른 관심이 없었던 미국 정부는 1991년 북한 핵문제가 불거지자 입장에 변화가 생겼다. 미국은 한국 정부가 남북관계 개선에 몰두하느라 북한 핵문제에 미온적 태도를 보임에 따라 이에 직접 개입할 방안 모색에 부심하고 있던 중이었다. 미국은 미북 직접 접촉에 반대하는 한국 정부의 입장을 감안하여, 남북한과 주변 4국 간의 「2+4회담」 개최를 구상하고 이를 베이커 국무장관 명의로 유명 국제학술지에 기고했다. 그러나 한국의 노태우 정부는 이러한 미국의 제안을 일언지하에 거부했고, 미국은 다시는 그 얘기를 꺼내지 못했다.

2+4회담 구상이 한국 정부의 반대로 무산되자, 미국은 그 대신 '북한 핵문제에 대한 미국의 단호한 입장을 북한 당국에 직접 전달하기 위해'

국무부 고위층이 직접 북한의 고위선과 만나 메시지를 전달하기를 희망한다는 입장을 한국 정부에 전달했다. 한국 정부는 이를 탐탁지 않게 생각했으나, 여러 까다로운 조건들을 달아 이에 동의했다.

당시 한국 정부가 제시한 조건은 오버도퍼의 저서 『두 개의 한국』에도 상세히 기술되어 있듯이, ①단 한 차례의 접촉에 국한되어야 하고, ②메시지를 전달하고 반응을 듣기만 해야지 북한과 협상을 해서는 안 되며, ③북한에 전달할 내용은 사전에 한국 정부의 동의를 받아야 한다는 것 등이었다. 지금 생각하면 너무 가혹한 조건이었다는 느낌이 들지만, 그 당시 미국 정부는 한반도 문제에 관한 한국 정부의 배타적 권한을 전적으로 인정하는 것이 오랜 관행이었다.

이런 과정을 거쳐 마침내 1992년 1월 22일 뉴욕에서 캔터Arnold Kanter 국무부 정무차관과 김용순 노동당 국제부장 간에 역사적인 제1차 미북 고위급접촉이 이루어졌다. 한국전쟁 이래 사상 최초의 미북 고위급 접촉이었다.

미국은 이 접촉에서 한국 정부가 요구한 까다로운 조건들을 충실히 이행하여 북한이 남북 비핵화공동선언을 충실히 이행할 것을 촉구했을 뿐, 어떠한 반대급부도 제시하지 않았고 미북 관계개선 문제도 일체 언급하지 않았다. 그럼에도 불구하고 노태우 정부는 그 후 다시는 추가적 미북 고위급접촉을 허용하지 않았다.

이러한 한국 정부의 전통적 정책은 그 이듬해 김영삼 정부에 들어와서 '한국 측 요청에 따라' 북한 핵문제에 관한 미북 협상이 개시됨에 따라 깨어지게 되었다. 당시 새로 출범했던 민주당의 클린턴 행정부는 북한과의 직접협상을 꺼리는 기색이었으나, 한국 정부의 거듭된 요청에 따라 마침내 대북한 협상의 무대에 등장하게 되었다.

그리하여 1993년 6월 제1단계 미북 고위급회담을 필두로 1994년 10월 21일 제네바합의가 서명될 때까지 미국이 대북 핵협상을 줄곧 주도하게 되었다. 김영삼 정부의 당초 생각은 미국에게 잠시 대북한 핵협상을 대행시킨다는 정도의 개념이었고, 북한 핵문제의 일차적 당사자는 어디까지나 한국이라는 생각이었다. 그러나 그것은 국제관계의 현실에 대한 커다란 판단착오였고, 한번 한국의 손을 떠난 한반도 문제의 주도권은 다시는 되돌아오지 않았다.

그 후로는 한국과의 협상을 거부하고 대미 직접협상을 통해 모든 것을 해결하려는 북한의 고집스러운 입장 때문에, 점차 미북 협상이 유일한 대북협상 창구가 되었고 한국의 역할은 종속변수로 전락했다. 그리고 그러한 협상구도는 그 후 「한반도 평화체제에 관한 4자회담」(1997-99년)과 북핵 6자회담(2003-08년) 등 한반도 문제 관련 각종 회담에서 기본구도로 정착되기 시작했다.

1993년 초 미북 핵협상이 개시된 이래 북한은 오랜 세월 꿈에 그리던 미국과의 직접협상을 여러 분야에서 갖게 되었다. 핵협상, 경수로협상, 연락사무소 설치협상, 미군유해 발굴협상, 미사일협상, 평화체제협상(4자회담), 뉴욕접촉, 북경접촉 등 종류도 헤아릴 수 없을 만큼 많았다.

미북 직접협상을 통해 미국과 수교하고 미국의 대북한 적대시정책을 극복하는 것이 북한의 진정한 목표였다면 북한에게는 좋은 기회가 최소 세 번이나 있었다. 그러나 북한은 매번 그 기회를 스스로 포기했다. 그것은 아마도, 핵과 미사일을 포기할 수 없는 북한 정권의 숙명 때문이었다.

첫 번째 기회는 미북 제네바합의였다. 제네바 미북 협상 시 미국은 한국 정부와 사전협의 없이 큰일을 하나 저질렀다. 제네바합의에 미북 연락사무소를 포함한 양국관계 개선 문제를 포함시킨 것이다. 한국 정부는 크게 반발했고 그 때문에 우리의 의사에 반하여 미북 수교가 곧 이루어질 것을 걱정하기도 했다.

그러나 뜻밖에도 북한 스스로가 기술적 문제들을 내세워 연락사무소 설치를 차일피일 미루는 바람에 결국 없었던 일이 되고 말았다. 북한의 표면적 주장과는 달리 북한 당국은 미북 관계개선에 그리 사활을 걸고 있는 건 아닌 듯 보였다.

두 번째 기회는 클린턴 행정부 마지막 해인 2000년 말이었다. 당시 미국 정부는 북한의 장거리미사일 개발문제 해결을 위해 대단히 전향적인 정책을 추구했고, 10월 미국 국무장관의 최초 평양방문에 이어 클린턴 대통령의 연말 방북을 추진했다. 미사일 협상에 어느 정도 진전만 있으면 미국 대통령이 바로 평양으로 날아가 수교협정에 서명할 판이었다.

당시는 김대중 정부의 햇볕정책 기간이라 한국 정부도 반대할 이유가 없었기에, 미북 수교의 실현이 코앞으로 다가온 순간이었다. 그러나 상황을 너무 낙관했던 북한이 미사일 문제에서 비타협적 입장을 고수함에 따라 클린턴 대통령은 방북의 명분을 만들 수 없었고, 모든 것이 없었던 일이 되었다.

세 번째 기회는 2009년 제1기 오바마 행정부 초기였다. 공화당 부시행정부에 이어 출범한 민주당의 오바마 행정부는 전임 부시 행정부의 대북정책과 대비되는 대단히 전향적이고 과감한 대북정책을 준비하고 있었다. 미북 수교 이전에는 핵폐기를 할 수 없다는 북한의 오랜 주장을 반영하여, 북핵 6자회담과 미북 관계개선 회담을 병행하는 방향으로 검토가 진행 중이었다.

한국 정부가 그에 대한 우려를 제기하기도 했으나 별 효험이 없었다. 그러나 신생 오바마 행정부의 외교팀 구성이 채 끝나기도 전에 북한이 장거리미사일 시험발사(4월)와 제2차 핵실험(5월)을 실시하는 바람에, 이에 분노한 오바마 행정부에 의해 대북정책은 정반대 방향으로 강경선회되었다.

북한은 미북이 수교하고 주한미군이 철수하여 미국의 대북한 적대시 정책이 사라져야 핵을 포기할 수 있다고 삼십년 동안이나 주장하고 있고, 우리 국내에도 같은 주장을 설파하는 사람들이 적지 않다. 그러나 북한이 실제로 행하는 행동을 보면 미국과 수교를 하려는 진정성도, 진지한 대화를 하려는 의지도 보이지 않는다. 대미 수교에 근접했던 그 많은 기회들을 북한은 눈 하나 깜짝 않고 스스로 걷어차 버렸다.

한편, 미국과 북한 사이의 직접협상이 여러 채널을 통해 일상화되자 한국을 대하는 북한의 태도는 크게 변해갔다. 북한은 한국으로부터의 큰 정치적 양보나 경제지원 사안이 걸려있지 않는 한 한국과의 대화를 기피하기 시작했고, 한국을 무시하거나 고압적으로 대하는 것이 일상화되어 갔다. 때로는 한국 측이 단지 남북대화를 성사시키기 위해 북한의 요구사항을 다 들어주고 경제적 대가까지 제공해야 하는 상황에 이르기도 했다.

한국 측이 북한에게 일방적으로 구애하는 대화를 하다 보니, 대화 채널에도 문제가 많았다. 2000~07년 진행된 남북 장관급회담에 한국 측은 매번 통일부장관이 단장으로 참석했으나, '내각책임참사'라는 차관급 임시타이틀을 달고 북한 측 단장으로 나선 전금진, 김령성, 권호웅 등은 실제직급이 차관급보다도 낮은 경우가 많아 격이 떨어진다는 것이 중평이었다.

특히 내각책임참사 직함을 달고 수년간 북한 측 단장으로 나왔던 권호웅은 통일전선부 과장급에 불과했던 것으로 알려졌다.[23] 그걸 우리 국내에서 장관급 회담이라 불렀으니, 실로 굴욕적인 일이었다. 북한 수석대표들이 달고 나오는 내각책임참사라는 직책은 기실 북한 노동당 산하 대남공작기관인 통일전선부의 회담과장이 겸임하는 과장급 자리라는 분석도 있었다.[24]

통일전선부의 공식명칭은 '통일전선사업부'이며, 남한 내 친북세력, 민주화세력을 활용해 '대중혁명'을 촉발시키기 위한 대남 선전, 선동, 정보수집, 포섭 등을 담당하는 북한 노동당 내의 대남공작 핵심부서다. 그런 조직의 실무책임자들을 상대로 이른바 장관급회담을 7년간이나 개최했으니, 과연 남북관계의 어떤 진정한 진전이 가능했을지 의문스럽다.

---

23 연합뉴스, 2015.11.23., '서울-평양 왕래 남북장관급회담 8년만에 성사될까' 기사 참조.
24 월간조선, 2013.6.18., '남북회담의 격, 누구 말이 맞나' 기사 참조.

2

평화체제 문제에 숨겨진 늪과 함정

한반도를 둘러싼 남·북·미 삼각게임에서 간과해서는 안 될 중요한 사항 중 하나는 '평화체제 수립문제'다. 현존하는 한반도 정전협정을 평화협정으로 대체하는 문제는 고도의 법적, 군사적 요소가 내포된 민감하고도 어려운 문제이다. 이는 주한 유엔군사령부의 존속 문제, 한미동맹 문제, 주한미군 문제, 한미 합동군사훈련 문제, 서해북방한계선 문제 등 핵심 안보사안들이 총망라된 예민한 현안으로서, 국가안보를 담보로 협상해야 하는 사안이다. 따라서 핵협상 못지않게 어렵고 예민한 협상이다.[25]

북한은 1974년 김일성 시대에 미국에 대해 미북 평화협정 체결을 제의한 이래 줄곧 이를 집요하게 주장해 왔다. 북한이 미국과의 평화협정 체결을 주장한 것은 이를 통해 주한미군 철수와 미북 수교의 명분을 얻기 위한 것이었다. 미국이 이에 응하지 않자 북한은 1994년 판문점 군사

---

25 이 항목의 일부분은 필자의 2010년 저서 『게임의 종말 : 북핵 협상 20년의 허상과 진실』을 토대로 수정·보완한 것이다.

정전위에서 북한 대표단을 철수시키고 휴전선에서 군사긴장을 고조시키면서 미북 평화협정 체결을 압박했다.

그런 갈등 끝에 1997년 한미 양국의 제의에 따라 한반도 평화체제에 관한 남·북·미·중 4자회담이 제네바에서 개시되었고, 1997~99년간 6차례에 걸친 회담이 개최되었다. 북한은 동 기간 내내 주한미군 철수와 미북 평화협정 체결을 회담의제로 명기할 것을 고집하고, 그 두 개의 의제가 확정되기 전에는 어떠한 실질문제도 논의할 수 없다고 우겼다.

회담의 가장 중요한 핵심쟁점들에 관한 결론을 미리 정해놓고 구체적 이행방안만 논의하자는 황당한 주장이었다. 이는 한국과 미국이 명백히 반대하는 두 가지 명제를 미리 의제로 못 박아 회담결과를 선점하려는 의도였으며, 냉전시대에 소련이 즐겨 쓰던 협상전략이었다. 이에 따라 회담은 2년간 의제도 못 정하고 막을 내렸다.

북한은 그 후 2005년 북핵 6자회담 과정에서 미북 평화체제 문제를 다시 제기하기 시작했다. 북한은 제재조치의 완전 해제와 미북 관계정상화가 이루어지고 2천㎿ 경수로 제공까지 이루어져야 핵폐기가 가능하다는 기존 입장에 추가하여, '미북 평화협정 체결'까지 비핵화의 선결조건으로 추가했다.

그것은 북한이 미북 평화협정을 통해 대남정책의 오랜 걸림돌이었던 한미동맹과 주한미군 문제를 해결하겠다는 의지의 표현인 동시에 그것이 실현되지 않으면 핵포기를 하지 않겠다는 의미였다. 미국이 그에 응할 가능성은 없었으니, 실상 북한은 핵포기를 하지 않기 위한 구실을 하나 더 추가한 것에 불과했다.

한국 정부는 이러한 북한의 입장을 반영하여 평화체제 수립문제를 조기에 논의하기를 희망했으나, 미국 정부는 이에 대한 반대 입장을 명확히 했다. 2006년 시드니 APEC 정상회담 시 개최된 한미 정상회담에서 노무현 대통령이 한반도 평화체제의 조기수립 필요성을 제기한 데 대해, 부시 미국 대통령은 "북한이 핵무기를 보유하는 한 평화협정을 체결하지 않을 것"이라고 말하고, "평화협정을 통해 한국전쟁을 종결하기 위해서는 북한이 먼저 핵을 폐기해야 한다"는 입장을 밝혔다.

우리가 평화체제 문제를 다룸에 있어서 매우 주의를 요하는 이유는 그것이 주한 유엔사나 미군철수 문제 외에 NLL 문제와도 불가분의 관계를 맺고 있기 때문이다. 다시 말해서, 북한이 NLL의 현상을 타파하기 위한 방편으로 평화체제 문제를 이용하고 있을 가능성에 유의할 필요가 있다.

북한은 NLL을 제거하기 위해 이미 수차의 서해교전을 일으켰을 정도로 첨예한 관심을 갖고 있다. 두 차례의 연평해전(1999, 2002년)과 대청해전(2009년), 그리고 천안함사태(2010년)와 연평도포격사건(2010년)은 모두 북한이 NLL의 현상타파를 기도하는 과정에서 발생한 사건들이었다.

NLL은 한국전쟁 기간 중 임시로 그어진 군사작전상의 해상분계선으로서, 한반도 휴전체제가 존속하는 동안만 유효하다. 따라서 평화체제 수립의 내용이 무엇이건 간에 일단 평화체제 합의를 통해 한반도의 전쟁상태가 법적으로 종식되면 NLL은 즉각 그 존립 근거가 상실되고, 유엔해양법에 따라 12해리 영해와 중간선 원칙에 따른 새로운 해상경계선이 그어져야 한다.

전쟁상태가 법적으로 종식되어 NLL이 사라지고 남북한이 공히 12해리(22km) 영해규정을 적용할 경우, 서해5도는 북한 영해와 등을 마주 댄 공해상의 고립된 섬이 된다. 이로 인해 서해5도의 안위에는 심각한 문제가 초래될 수밖에 없다. 서해5도 주민들은 남북한 사이의 공해에서 북한 경비정들과 뒤엉켜 고기잡이를 하게 될 것이고, 상황이 악화될 경우 북한이 함대를 동원해 서해5도를 12해리 영해 밖에서 봉쇄하는 상황이 벌어질 수도 있다.

아래 지도에서 점선으로 표기된 부분은 북한이 2004년 12월 천명한 '해상경비계선'인데, 만일 언젠가 NLL이 사라지고 평시국제법이 서해안에 적용된다면 대체로 그 정도 위치가 북한의 12해리 영해 경계선이 될 것이다. 점선 아래 부분은 한국 해역이 아니라 공해이기 때문에 남북한의

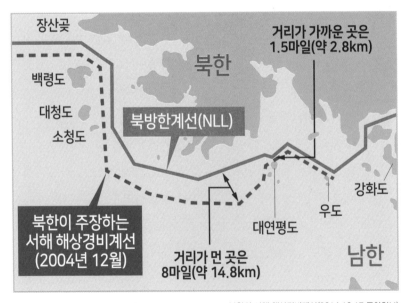

북한의 서해 해상경비계선(2014.10.17 동아일보)

해군 함정들이 자유롭게 드나들 수 있게 된다.

물론 서해 5도는 한국의 영토이므로 섬 둘레에 각각 12해리의 영해가 설정되기는 할 것이나, 그 바깥부분은 공해이므로 북한 경비정들이 합법적으로 접근할 수 있어 서해5도의 어로활동 및 해상교통로에 심각한 문제가 야기될 수 있다.

그러나 이보다 더욱 심각한 최악의 상황은 국제법상의 12해리 영해 개념을 적용하지 않고 북한이 1977년 일방적으로 선포한 50해리 '군사수역' 개념을 적용한 채 서해 해상경계선을 재획정하는 경우가 될 것이다. 이 경우 서해 5도는 북한의 배타적 군사수역에 갇힌 고립된 섬이 되고 한국 해군은 서해5도에 접근조차 할 수 없게 된다.

북한은 이미 1999년 서해5도를 북한의 배타적 군사수역에 위치한 고

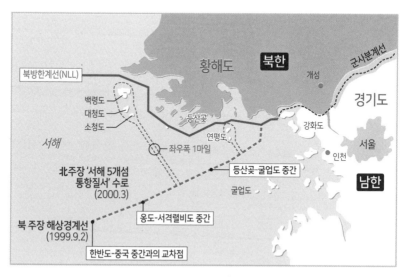

북한의 서해 해상경계선 주장 (2013.6.22 연합뉴스)

립된 섬으로 개념정의 한 데 이어, 2000년에는 「서해 5개 섬 통항질서」를 일방적으로 공포하여 이들 섬에 출입하는 모든 선박에게 북한이 지정한 폭 2해리의 수로를 따라 이동하도록 요구한 바 있다.

북한의 이러한 NLL 폐지 주장은 북한이 한반도의 전쟁상태를 전제로 선포한 이른바 전쟁수역(50해리)의 개념은 계속 유지하면서 한국과의 서해 해상경계 획정에 있어서만 평시국제법을 적용하자는 주장이다. 따라서 북한이 주장하는 해상경계선 재획정은 평화상태의 회복과는 거리가 멀고, 단지 북한이 일방적으로 선포한 전쟁수역이 서해 굴업도 앞바다까지 남쪽으로 대폭 확대됨을 의미하는 데 불과하다.

한편, NLL 문제의 해결을 위한 한반도 평화체제 논의가 국내의 부정적 여론과 미국의 반대로 여의치 않게 되자, 노무현 정부는 평화협정 체결에 앞서 우선 핵심관계국이 모여 종전선언을 먼저 하고 평화협정 논의는 뒤로 미루는 방안을 구상했다. 이 구상은 2007년 10월 남북정상회담에서 합의되어 10·4 공동성명에 포함되었다.

그러나 이러한 시도는 평화체제 논의의 핵심 당사자인 미국의 반대로 무산되었다. 미국 정부는 평화협정이건 종전선언이건 한반도 전쟁을 공식적으로 종식하는 문서의 서명은 북한의 비핵화가 달성된 이후에 이루어져야 한다는 입장을 고수했다. 미국이 이에 반대한 이유는, 한반도 전쟁의 종전을 해당국 대표들이 모여 공식 선언할 경우 평화협정 체결과 매우 유사한 정치적 효력이 발생할 수 있으므로 주한 유엔사나 NLL의 법적 존립근거가 소멸되었다는 주장과 주한미군 철수 주장의 빌미가 될 수 있다는 점을 우려했기 때문이었던 것으로 추정된다.

2018년 남북 판문점선언 이후 종전선언 문제가 다시 관심의 초점이 되고 있어 주목을 끈다. 얼마 전까지만 해도 종전선언에 무관심했던 북한이 2018년 중반부터 별안간 이에 집착하는 모습을 보노라면, 내심 뭔가 커다란 노림수가 있다는 심증이 든다. 북한은 절대 중요하지 않은 일로 목소리를 높이지 않는다. 북한이 무언가를 요구하거나 주장할 때는 반드시 심사숙고를 거쳐 득실을 정확히 계산하고 구체적 목표와 후속전략까지 확정한 이후에나 이를 제기하며, 한번 결정한 정책은 수십 년이 지나도 여간해서 변경되는 일이 없다.

북한이 별안간 정책을 변경해서 종전선언에 집요하게 매달리는 배경이 무엇인지는 불명확하나, 아마도 북한은 1974년 이래 줄곧 주장해 온 평화협정과 같은 맥락에서 대남전략상의 용도로 이를 이용하려는 것으로 추정된다. 종전선언이란 평화협정에 들어갈 제반요소들 중에서 장황한 본론은 생략하고 결론만을 기술하는 성격이 될 것이므로, 비록 종전선언의 법적효력이 평화협정에 못 미친다 할지라도 최소한 정치적으로는 그에 상응하는 효과를 발휘할 수 있을 것으로 보인다.

북한이 종전선언을 통해 추구하려는 음모의 실체가 구체적으로 무엇인지는 알 수 없으나, 그것이 무엇이건 간에 한국에게 좋은 일은 결코 아닐 것이다. 그와 관련한 한국정부의 거듭된 종용에도 불구하고 미국이 이에 굳이 반대하고 있는 것을 보면 미국은 이미 북한의 수를 훤히 읽고 있는지도 모른다.

종전선언이건 평화협정이건 합의문 한 장으로 한반도 문제의 실재하는 현상이 변경될 수는 없다. 그런 부류의 합의문들은 이미 1992년의

「남북기본합의서」 체제에 수 없이 많이 포함되어 있고 다 모으면 족히 책 한권은 될 것이다. 장차 한반도 평화협정에 포함되어야 할 내용들도 1992년의 남북기본합의서와 「남북 불가침 이행합의서」에 이미 대부분 조목조목 열거되어 있다. 중요한 건 합의의 이행이다.

한반도 평화체제라는 용어가 풍기는 그럴싸한 명분에도 불구하고, 그 파급효과가 어떠할지 숙고해야 한다. 평화협정이란 무력대결 종식에 따라 실재하는 평화를 문서로 정리한 것일 뿐, 평화협정이 무력대치 상태를 종식시키거나 평화를 창조할 수는 없는 것이다. 한반도에 평화협정이 없어서 군사적 대치상황이 지속되는 것도 아니고, 평화협정을 체결한다고 그것이 저절로 사라지는 것도 아니다.

3

한반도 미군철수 빅딜론의
정체

국제정치학에 게임이론Game Theory이라는 것이 있는데, 그 중 비이성적 게임의 대표적 형태로 치킨게임Chicken Game이라는 것이 있다. 두 사람이 승부를 가리기 위해 목숨 건 대결을 하는데, 자동차를 몰고 마주보며 전속력으로 달리다가 겁먹고 먼저 피하는 쪽이 지는 게임이다. 물론 아무도 안 피하면 둘 다 죽는다.

게임에 참가하는 사람들은 자신이 무모하고 비이성적이라는 것을 과시하기 위해 술에 만취되어 운전을 하기도 하고, 아예 운전대 핸들을 뽑아버리기도 한다. 용감하다기보다는 무모한 쪽이 이기는 게임이다.

역사상 가장 유명했던 치킨게임의 예는 1962년 미국과 소련 사이에 벌어진 '쿠바 미사일 위기'였다. 냉전시대 양진영의 리더였던 미국과 소련이 제3차 세계대전을 코앞에 두고 전세계 인류의 목숨을 담보로 벌였던 치킨게임에서 케네디 미국 대통령이 승리했고 흐루시초프 소련 공산당 서기장은 패배하여 그 여파로 결국 당서기장 직에서 밀려났다.

그와 유사한 전형적인 치킨게임이 2017년 여름 한반도에서 벌어졌다. 군사행동 불사를 다짐하는 트럼프 미국 대통령과 김정은의 뜨거운 '말의 전쟁'이 8월의 더위에 가세하여, 한반도에는 때 아닌 8월 위기설이 대두되었다. 1990년대 이래로 미북 사이의 핵게임 때는 심약한 미국이 치킨게임에서 북한을 당할 재간이 없었지만, 트럼프 대통령은 만만치 않았고 오히려 한수 더 뜨는 형국이었다. '예측 불가한' 북한이 오랜만에 '더 예측 불가한' 맞수를 만난 격이었다.

치킨게임은 자신의 본래 의도를 숨기고 최대한 무모함을 과시하는 것이 승패의 관건인데, 미국과 북한 사이의 치킨게임으로 전쟁위기설이 떠돌 때는 한국 정부의 입장이 참 곤혹스럽다. 미국을 옆에서 거들자니 국민이 불안해하고, 모른 체 하자니 중요한 시기에 한국의 역할이 실종됐다는 비판이 일고, 그렇다고 전쟁반대론에 편승하자니 그건 게임을 북한의 승리로 이끄는 이적행위가 될 수 있다.

트럼프 대통령이 북한에 대해 연일 군사조치를 위협하는 치킨게임을 벌이는 가운데, 트럼프 대통령의 수석전략가인 스티브 배넌 백악관 선임고문은 "군사적 해법은 없다"고 공언하여 천기를 누설했는데, 그의 8월말 전격 경질은 이 사건과도 무관하지 않을 것이다.

한편, 이처럼 첨예하게 전개되는 치킨게임의 와중에 '북한 핵문제 해결의 대가로 주한미군 철수 카드를 검토하자'는 '미중 빅딜론'이 2017년 중반 미국에서 부상했다. 이 구상은 북한의 ICBM 완성이 코앞으로 닥쳐온 시기에 그레이엄 앨리슨 하버드대 교수가 처음 제기했고, 여기에 헨리 키신저 전 국무장관과 스티브 배넌 백악관 선임고문까지 가세하면서 논의가 확산되었다.

이로 인해 많은 한국인들이 걱정을 했으나, 다행스럽게도 스티브 배넌 선임고문이 그 직후 백악관을 떠났고 키신저는 과도한 친중국 시각으로 인해 미국 조야의 시각이 별로 곱지 못한 인사인 까닭에 그러한 주장이 정책적 차원으로 연결되지는 않았다.

미국 학계에서 주한미군 철수론이 부상하고 있는 것은 지난 수년간 미국 조야에서 풍미해 온 한국 패싱 분위기와도 무관하지 않은 것으로 보인다. 그간 좌파 우파 가릴 것 없이 계속되고 있는 한국 정부의 끊임없는 대중국 러브콜을 바라보는 미국인들의 시각에 '한국은 이미 중국으로 전향했다'는 인식이 팽배하고 있어, '한국이 미국과의 동맹에 뜻이 없다면 굳이 주한미군이 주둔해 보호할 필요가 없다'는 당위론적 견해가 나올 소지가 오래 전부터 잠재하고 있었다.

그렇지 않아도 미국은 2000년대 초 이후 국방예산 부족 때문에 주한미군의 감축 필요성을 기회 있을 때마다 한국 정부에 타진해 온 터였다. 주한미군에 대한 시각이 그리 곱지 못했던 노무현 정부가 지지층의 반대를 무릅쓰면서까지 아프가니스탄과 이라크 파병을 단행해야 했던 이유는 바로 그 때문이었다.

한미동맹에 대한 한국 정부와 국민들의 정서가 확고하다면 아무리 급해도 미국에서 그런 극단적 구상까지는 나오지 않았을 것이다. 그러나 미국과 중국 사이에서 한국 정부가 끊임없는 방황을 계속해 피아식별이 어려워질 정도의 상황으로 발전함에 따라, 이제 미국이 한국의 안보에 대해 선택할 수 있는 옵션의 폭도 넓어졌다.

동맹관계란 일방적 시혜가 아니라 상호적인 것이다. 한국이 미국을 필요로 하지 않고 미국의 입장을 지지하지 않는 이상 미국이 더 이상 수만 명의 미군을 상주시켜 한국을 보호할 필요는 없으니, 차제에 주한미군 철수를 대가로 북한의 완전한 핵폐기를 실현할 수만 있다면 미국으로서는 잃을 것이 없다는 계산이 가능할 것이다.

물론 이러한 학계의 구상을 미국 정부가 받아들여 공식 추진한다는 것은 말처럼 쉬운 일은 아니나, 만의 하나 그런 구상이 추진된다면 두 가지 갈래의 옵션이 가능할 것이다. 첫째는 미중 사이의 밀약을 통해 중국이 특단의 수단으로 북한의 레짐 체인지와 핵무기 폐기를 실현하는 대신 미국은 그 대가로 중국이 간절히 원하는 주한미군 철수를 단행하는 방안이다. 둘째는 미국과 북한이 직접 협상을 통해 완전한 핵폐기와 미북 수교, 주한미군 철수를 맞바꾸는 방식의 협상이다.

첫 번째 옵션의 성공 여하는 중국이 동맹국 북한과의 결정적 균열과 무력충돌까지도 유발할 수 있는 강압적 대북한 조치를 단행할 수 있을 것인가에 달려 있다. 중국은 과연 주한미군 철수를 실현시키기 위해 그런 도박을 할 의지와 능력이 있을까? 그에 대한 대답은 부정적이다.

중국 정부가 지금껏 북한 핵문제를 둘러싸고 국제사회에 보여주었던 방관적 자세, 북한의 현상 유지에 대한 강한 애착, 북한에 대한 정보와 영향력 부족, 장성택 처형으로 와해된 북한 내 친중 세력 등 제반 여건에 비추어 볼 때, 중국이 북한의 레짐 체인지를 위한 고난도의 의지와 능력을 발휘하기는 어려울 것으로 보인다.

설사 중국이 그런 의지를 갖고 있다 할지라도 그 성공여부는 매우 불투명하다. 한국전쟁 직후 40여만 명의 중국군이 주둔 중인 상황 하에서 친중 세력 연안파에 대한 전면 숙청을 단행했던 김일성, 중국의 대북한 영향력과 간섭에 강력히 저항해 온 북한 정권의 전통적 정책, 집권초반에 친중 세력의 대표자 장성택을 냉혹하게 처형한 김정은 등 제반 고려 요소들을 감안할 때, 중국이 어떤 수단을 동원하더라도 북한으로부터 강력한 저항에 직면하지 않을 수 없을 것이다.

두 번째 옵션, 즉 미북 간의 직접협상을 통한 빅딜 가능성은 더욱 현실성이 없어 보인다. 무엇보다도, 북한이 주한미군 철수의 대가로 핵무기의 완전하고 영구적인 포기에 동의할 가능성은 희박해 보인다. 주한미군 철수는 북한의 한반도 제패 프로그램을 위한 필요조건 중 하나일 뿐이지 충분조건은 아니기 때문이다. 설사 동의하더라도 그 약속을 끝까지 이행한다는 보장은 없다.

더욱이 북한은 미국과의 합의를 위반하고 눈속임을 한 많은 전과기록을 보유하고 있어, 미국이 북한과의 합의를 신뢰하기도 어려울 것이다. 미국은 1994년 제네바합의에서 북한의 허망한 약속을 믿고 매년 50만 톤의 중유(1억 달러 상당)를 8년간 제공했고, 북한 신포지역의 기약 없는 경수로 공사에 15억 달러의 돈을 쏟아 부었다. 2005년의 9·19공동성명 이행 과정에서는 북한의 핵폐기 약속을 믿고 대북한 테러지원국 제재조치를 덜렁 먼저 해제했지만, 핵폐기 이행은 근처에도 못 갔고 해제된 제재조치를 되살리지도 못했다.

여러 정황으로 볼 때, 앞으로도 특별한 사정이 없는 한 주한미군 철수에 관한 '빅딜'이 현실화 될 가능성은 희박해 보인다. 그러나 그러한 빅딜의 실현 가능성보다는 그런 구상이 미국 학계에서 버젓이 논의되고 있는 정치적 배경이 우리에게는 더욱 중요하고 의미심장하다.

미국 학계의 주한미군 철수 빅딜론 제기는 미국이 이제는 필요에 따라 한국카드를 언제든 버릴 준비가 되어 있을 수 있다는 점을 시사하는 것이며, 그것은 현재 한미관계가 대단히 취약하고 한국에 대한 미국 식자들의 애정과 애착과 신뢰가 위험할 정도 수준으로 식어버렸다는 것을 의미하는 것이다.

트럼프 대통령이 제기한 주한미국 철수론은 그러한 미국 내 분위기 변화를 반영하는 빙산의 일각에 불과하다. 과거 같으면 그런 철수론 제기에 대해 응당 주한미군 유지의 중요성을 강조하는 반론이 의회와 친한파 학계인사 등 여러 곳에서 제기되었겠지만, 이제는 그런 움직임조차 거의 없을 정도로 한국은 동맹국 미국에서 동맹으로서의 신뢰성을 상실해 가고 있다.

4

한반도의 평화통일은
아직도 가능한가?

    역사상 많은 나라들이 분단되었다가 재통일을 이룩하였다. 극히 예외적으로 붕괴에 의한 흡수통일이나 합의에 의한 통일 사례도 없지는 않으나, 인류 역사상 대부분의 통일은 무력에 의한 통일이었다. 무력에 의한 통일의 예는 무수히 많다. 현대의 가장 대표적인 예는 1870년의 이탈리아 통일과 1871년의 독일 통일, 그리고 1976년의 베트남 통일이다.

    이탈리아와 독일이 통일을 위해 치른 전쟁의 대부분은 분단된 국가들 상호 간의 전쟁이 아니라 통일을 방해하는 주변 강대국들과의 전쟁이었다. 독일 통일의 주역인 프로이센 왕국은 독일이 통일되어 강대국으로 부상하는 것을 막기 위해 통일에 반대하던 오스트리아와 프랑스를 전쟁으로 제압한 후 39개 군소국가로 조각나 있던 독일을 통일했다. 이탈리아 통일의 주역인 사르디니아 왕국은 영토적 욕심으로 이탈리아의 통일을 방해하던 오스트리아와 교황청을 프랑스의 도움을 받아 무력으로 제압하고, 10여 개 국가로 나뉘어 있던 이탈리아 반도를 통일했다.

북베트남은 제2차 세계대전 직후 남베트남 전역과 북베트남 일부를 장악하고 있던 프랑스 식민세력을 축출하기 위한 제1차 인도차이나전쟁(1945~54년)에서 승리하여 북베트남 전역을 통일했다. 이어서 프랑스군 철수 후 베트남 전체가 공산화 되는 것을 막고자 남베트남에 진주한 미군과의 제2차 인도차이나전쟁(1964~73년)을 통해, 북베트남은 외세를 축출하고 베트남 전역을 통일했다.

국가의 붕괴에 의한 흡수통일의 예는 1990년의 독일재통일이 유일한 사례다. 냉전체제 해체 후 동독 최초의 자유선거를 통해 구성된 동독 의회는 자발적으로 서독으로의 흡수통일을 의결했으며, 그에 따라 동독이 해체되고 동독지역 5개주가 독일연방(서독)에 개별적으로 가입하는 형태로 통일이 이루어졌다. 독일은 제2차 세계대전 패전국이었던 관계로 그 과정에서 4개 점령국(미국, 영국, 프랑스, 소련)들로부터 독일 통일에 대한 동의를 받아야 했다.

그러나 독일의 통일은 상황이 지극히 특수하여 이를 흡수통일 사례로 일반화하기에는 어려운 점이 많다. 독일은 패전 후 냉전체제에 의해 분단이 강요되기는 했으나 동서독 상호 간에는 별다른 유감이 없었고 1950~60년대부터 양측 간 교류가 무척 활발했다. 그러기에 냉전체제 종식으로 소련의 족쇄가 풀리자 동독은 자유의지로 즉각 서독과의 통일을 선택한 것이었다.

분단 기간 중 양측 간의 인적교류 규모는 실로 상상을 초월한다. 브란트 서독수상의 동방정책에 따라 1971년 동서독 간에 체결된 「여행 및 방문에 관한 협정」에 의거하여 동서독 및 동서베를린 사이에는 27개의 철도, 도로, 운하가 개설되었고, 이 교통로는 통일될 때까지 거의 20년간 한 차례도 중단됨이 없이 왕래가 유지되었다.

이 도로를 통해 1950년대부터 매년 100만 명 이상의 서독인이 사업, 관광, 친지방문 등 목적으로 동독을 여행했다. 1953년부터는 동독 정부도 고령은퇴자의 서독 방문을 허용했고 1972년부터는 이산가족의 서독 방문도 허용하여, 매년 50만 명 이상의 동독인이 서독을 방문했다. 동서독 간 방문 인원은 점차 확대되어, 1987년에는 양측 공히 상대국 방문자가 연간 200만 명을 넘어섰다.

뿐만 아니라 1961년부터 30년간 동독인 25만 명이 동독 정부의 허가를 받아 서독에 합법적으로 귀화했고, 서독을 방문하러 왔다가 복귀를 거부하고 눌러앉은 동독인도 6만 명에 이르렀다. 분단기간 중 장벽을 넘어 서독으로 불법 월경한 동독인들도 있었으나, 그 수는 2만여 명 정도에 불과했다.

한 가지 대단히 흥미로운 일은 그 기간 중 서독 정부가 동독 당국에 몸값을 지불하고 사온 동독 정치범과 가족들이 무려 3만 3천755명에 이른다는 점이다. 감옥에 수감 중인 동독 정치범 1명을 사오기 위해 서독 정부가 지불한 몸값은 평균 4~10만 마르크로서, 미화 2~4만 달러 정도밖에 안 된다. 이 기준으로 본다면, 우리 정부가 그간 여러 명목으로 북한에 지원한 경협자금을 합치면 북한의 정치범 수용소에 있는 십만 명의 정치범 중 대부분을 데려올 만한 금액일 것이다.

합의에 의한 통일은 영국의 식민통치로부터 독립하는 과정에서 남북으로 분단되었던 자본주의 북예멘과 사회주의 남예멘이 1990년 협상을 통해 통일을 이룬 것이 역사상 유일한 사례다. 그러나 양측은 통일 후 불과 4년 만에 다시 분단되고 내전이 시작되었으며, 북예멘이 2개월 만에 무력으로 재통일을 이룩했다. 결국 합의에 의한 통일의 유일한 사례는 실패한 통일이 되었고, 무력을 통한 재통일로 귀착되었다.

이러한 역사적 사실들을 반추해 볼 때, 우리는 '역사상 성공적인 통일은 독일통일의 예외를 제외하고는 모두 무력에 의해 이루어졌다'는 불편한 진실과 마주하게 된다. 동서독은 비록 패전국으로서 외세에 의해 분단을 강요당하기는 했으나 양측 간에는 아무런 적대감이 없었기에, 그 사례는 한반도에는 적용될 수 없다. 한반도의 평화적 통일이라는 당위론적 통일논리의 지배를 받아 온 우리로서는 이러한 뜻밖의 역사적 사실에 당황스러움을 금할 수 없다. 그러나 그건 엄연한 현실이다.

우리가 그간 굳게 믿어 온 '한반도의 평화적 통일' 또는 '한국 주도의 흡수통일' 같은 낙관적 시나리오는 다분히 냉전체제 종식 후 극심한 경제난에 시달리던 북한의 자발적 붕괴 가능성을 전제로 한 것이었다. 그러나 그 후 약 30년의 세월이 훌쩍 지나간 지금, 그러한 전제는 더 이상 유효하지 않다.

북한은 붕괴되지 않았고 별다른 심각한 식량난도 없으며, 유엔의 경제제재에도 불구하고 실질적 경제상황이 호전되고 있다. 앞으로 가까운 시일 내에 북한이 몰락하거나 붕괴될 조짐도 없고, 정변이 일어나 체제가 확 바뀌거나 극도의 정치적 혼란에 빠질 것 같지도 않다.

우리가 지난 세월 꿈꾸어 온 '남한 주도의 평화적 통일' 구도는 이제 흘러간 옛 노래가 되고 있다. 만일 북한이 스스로 몰락하거나 붕괴되지 않는다면 한반도에는 어떤 통일의 기회가 남아 있는 것일까? 그리고 그 가능성은 어느 정도일까?

　실현 가능성 여부와 무관하게 한반도에서 상상 가능한 통일 방식은 세 가지뿐이다. 남한에 의한 통일, 북한에 의한 통일, 그리고 협상을 통한 중립적 통일의 세 가지 가능성을 상정할 수 있다.

　첫째는 한국에 의한 흡수통일의 가능성이다. 한국 정부가 북한을 무력으로 통일할 의사는 없으므로, 한국에 의한 통일은 동서독 통일의 경우처럼 북한 정권이 스스로 와해되고 북한 주민들이 남한과의 통일을 원할 때 이를 흡수통일 하는 방안뿐이다. 북한에 급변사태가 발생할 경우 한국군과 주한미군이 여기에 개입해 통일을 이룬다는 소설 같은 시나리오도 있으나, 다른 나라 내정에 외국인이 개입할 수 없는 국제사회의 엄격한 룰에 비추어 볼 때 그 현실성은 매우 의문시 된다.

　박근혜 정부는 '통일은 대박'이라는 구호 하에 통일을 앞당기기 위한 운동을 전개한 바 있으나, 이 역시 사실상 북한 정권의 자발적 붕괴를 전제로 하는 흡수통일의 개념이었다. 북한 정권의 자연적 붕괴와 자발적 복속을 전제로 하는 흡수통일론은 북한이 경제난, 식량난, 가뭄, 홍수 등으로 대단히 큰 어려움에 처해 있던 1990년대에 풍미하던 그럴싸한 통일담론이었다.

　그러나 현재는 북한의 핵무장과 경제상황 호전, 식량난 극복 등으로 실현 가능성이 매우 희박한 것으로 보인다. 더욱이 향후 중국이 국력팽창을 배경으로 한반도 문제에 대해 점차 큰 목소리를 낼 가능성까지 감안한다면, 한국에 의한 흡수통일이 실현될 가능성은 더욱 기대하기 어려울 전망이다. 한반도가 통일될 경우 중국 영향권에 귀속되리라는 시각이 미국 조야에 일반화되어 있어, 미국이 적극 나서서 통일을 지원할 이유도 없을 듯하다.

둘째는 북한에 의한 무력통일 가능성이다. 여기에는 전쟁을 통한 적화통일 뿐 아니라 전쟁위협 또는 핵위협을 통한 통일까지 포함된다. 북한이 비록 핵무장을 성공적으로 완성했다 하더라도, 재래식 무기에 있어서는 아직 한미 연합전력보다 열세이고 전쟁을 수행할만한 경제력도 취약하기 때문에, 북한의 핵무장으로 인해 북한에 의한 통일 가능성이 당장 높아지는 것은 아니다. 그러나 북한이 처한 여건이 1990년대의 바닥에서 벗어나 꾸준히 상승세에 있는 것은 사실이다.

북한은 자신에게 불리한 한반도 주변의 세력균형을 개선하기 위해 그간 장기간에 걸쳐 정전체제 와해, NLL 폐기, 유엔사 해체, 주한미군 철수, 한미동맹 약화, 한일관계 이간, 한·미·일 군사협력 저지, 사드 배치 저지 등을 집요하게 추진해 왔다. 현 시점에서 볼 때, 한미관계 이상 징후, 한일관계 악화, 중국의 부상 등이 북한의 핵무장 및 경제상황 호전과 맞물려 북한에게 한결 개선된 대남전략 여건을 제공하고 있다.

셋째는 합의에 의한 중립적 통일 가능성이다. 남북한이 합의하여 평화적 통일을 이룩하고자 할 경우, 남북한의 정치체제와 사회구조가 너무 현저히 다른 관계로 하나의 체제로 통일하는 것은 현실적으로 불가능해 보인다.

한국이 공산주의 체제로의 통일을 용인할 수 없듯이 북한도 공산당 일당독재를 포기하고 자유민주주의 체제로 통일하는 것은 도저히 용납하지 못할 것이다. 그러나 그렇다고 공산주의와 자유민주주의의 중간을 택하여 다당제 사회주의로 가는 것은 남북한 양측이 모두 동의하지 않을 것이다. 결국 중립적 통일은 현실적으로 가능하지 않다.

그래서 나온 것이 북한이 주장하는 연방제 통일안이다. 1국가 2체제 하에서 남북한 양측이 현재의 통치체제와 정치권력과 군사력을 그대로 유지하면서 연방의 일원이 되고, 선거를 통해 중앙정부를 구성하자는 것이 1970년대 이래 북한의 일관된 주장이다. 이는 얼핏 들으면 대단히 그럴싸한 주장 같지만, 내막에 커다란 음모가 숨어 있다.

북한의 공직선거 제도는 한사람의 후보만 내세워 거의 만장일치로 뽑는 공산주의 선거이고 사실상의 공개선거이므로, 반대가 나올 여지가 없고 공산당 후보자 외의 경쟁후보도 있을 수 없다. 반대로 한국의 선거는 여당과 야당, 좌파와 우파, 지역과 지역 사이에서 치열한 경쟁을 통해 근소한 차이로 승패가 결정된다.

따라서 남북한 양측이 연방의 일원으로 기존 체제를 유지하면서 연방 최고지도자 선출을 위한 남북한 총선거를 실시할 경우, 인구비례로 하건 남북동수로 하건 북한 후보자의 승리는 기정사실이고 이를 막을 방법은 없다. 북한 표 전체와 남한 내 우호세력의 표를 합친다면 족히 60% 이상의 지지를 받을 것이고, 남한 유권자의 지지가 전혀 없을 경우에도 북한 후보는 1명이고 남한 후보자는 최소 2~3명이 될 것이므로 당선은 확실하다.

의회도 마찬가지다. 통일한국의 연방의회가 무슨 법안이나 안건을 심의하건 북한 측 의원들은 상부 지시에 따라 일사분란하게 표결을 하겠지만 한국 의원들은 여당과 야당, 좌파와 우파, 친북과 반북으로 갈라져 지리멸렬이 될 것이다. 따라서 연방의회의 구성이 남북 동수가 되건 인구비례가 되건 모든 결정권은 항상 북한 의원들이 갖게 될 것이다.

북한은 이를 이용해 국가의 정체성에 관한 핵심적 법안 의결은 물론이고 국가조직 개편과 각료임명 인준도 좌지우지하게 될 것이며, 최악의 경우 연방헌법 개정을 통해 사회주의 체제로의 국가개편을 단행하는 것도 불가능하지 않을 것이다. 결국 연방정부의 행정부와 의회를 모두 북한이 장악하여 정치권력을 독점하고, 남한은 연방전체의 운영과 북한 지역 개발을 위한 세금만 내는 착취구조가 초래될 가능성이 크다.

결론적으로, 남북 사이의 합의에 의한 자유민주주의적 통일이나 중립적 정치체제로의 통일은 정치체제에 대한 합의가 어려워 현실적으로 불가능하며, 북한이 주장하는 연방제 통일방안은 사실상 '북한에 의한 평화적 흡수통일'로 귀착될 가능성이 크다.

따라서 우리 국민들은 통일이 당연히 우리 주도로 우리식 정치체제에 따라 하게 될 것이라는 막연한 기대와 근거 없는 대북한 우월의식에서 벗어나, 좀 더 주변을 주의 깊게 둘러보고 북한 체제가 실질적으로 변화될 때까지 인내심을 가지고 기다리는 지혜가 필요할 것으로 보인다.

5

남·북·러 인프라 연결의
'위대한 환상'

냉전체제가 해체된 1990년대 초부터 한국-북한-러시아를 연결하는
철도와 가스관 연결 구상이 각광을 받아 이 분야에서 많은 연구가 이루
어져왔다. 그 이래 한국의 모든 정부들이 이 프로젝트를 지지했고, 여의
도 정치권도 이 신선하고 원대한 프로젝트에 비상한 관심을 가져왔다.
1990년대 말 한국 정부가 햇볕정책을 시작한 이후로는 더욱 그러했고,
박근혜 정부도 이에 대해 지대한 관심을 갖고 있었다.

이 연구들에 따르면 한국과 러시아 사이에 북한을 관통하는 철도와
가스 파이프라인이 부설되면 한국과 유럽 사이의 물류 수송이 획기적으
로 개선되어, 무역이 확대되고 저렴한 러시아 가스의 유입으로 에너지
비용이 크게 절감됨은 물론, 북한은 앉아서 고액의 통과료를 징수함으
로써 경제난 해소에 큰 도움이 되리라는 것이다. 그야말로 환상적인 윈-
윈-윈 프로젝트라는 것이다.

그러나 과연 그럴까? 남·북·러 철도와 가스관 연결 프로젝트는 원론

적으로만 보면 역사와 지도를 바꿀만한 거대하고 환상적인 프로젝트다. 그러나 각론으로 들어가 프로젝트 시행의 여러 조건과 효과들을 자세히 들여다보면 예상과는 많이 다르고 온갖 문제들이 첩첩산중이다. 그래서 이 '환상적인' 프로젝트는 원론적인 칭송만 요란할 뿐 30년이 다 되도록 한 발짝도 진전이 없다. 왜 그럴까?

먼저 남·북·러 **철도연결 프로젝트**부터 들여다보자. 한반도 동해안을 따라 남북한을 관통하는 한반도횡단철도TKR를 부설하고 그 철도를 시베리아횡단철도TSR와 연결하여 한국의 공산품을 바로 유럽으로 실어 나른다는 것이 이 계획의 핵심이다. 그렇게 함으로써 현재 장거리 해상운송을 하는 물류비용도 절감하고 시간도 절감하자는 것이다.

남북한을 철도로 연결하는 문제는 설치경비, 통과료 등 불확실성이 너무 많아 객관적 검토가 불가능한 관계로, 우선 부산항에서 선박편으로 러시아 극동에 도착 후 이를 TSR로 수송하는 노선부터 들여다보자. 이 노선은 한국 기업들이 이미 수십 년 간 많이 사용해 온 수송루트이므로, 그 장단점이 업계에 널리 알려져 있다. 무역수송의 성격상 기업들이 가장 중시하는 것은 수송기간, 수송비용, 가용성, 그리고 예상치 못한 수송리스크의 존재여부다.

첫째는 수송기간의 문제다. 한국에서 독일까지의 수송기간은 해상운송이 평균 30~33일이고 TSR을 이용한 수송에는 20~22일이 소요되어, TSR을 통한 수송이 10일 정도 빠르다. 그러나 서유럽 행 화물의 경우에는 수송기간에 별다른 차이가 없고, 바다와 면하고 있는 영국, 프랑스, 스페인, 이탈리아 등의 경우는 해상운송이 더 빠르고 효과적이다. 따라서 TSR 연결노선은 주로 러시아나 동유럽 내륙 국가들과의 교역에 편리한 노선이다.

둘째는 수송비용의 문제다. 과거에는 TSR이 해상운송에 비해 상당한 가격경쟁력이 있었다. 그러나 독점기업인 러시아철도공사가 2006년부터 운임을 무려 80% 이상 인상하는 바람에 TSR 경유 운송비가 해상수송에 비해 컨테이너 1개당¹ TEU 1천 달러 이상 비싸졌다. 게다가 2009년 글로벌 경제위기 이후 해운요금이 폭락한 까닭에 가격격차는 더 커졌다.

2009년 기준으로 볼 때, 부산-모스크바 구간의 컨테이너 수송비는 해상운송 4천 달러, TSR 경유 5천 달러로 해상운송이 20% 저렴하고, 항구도시 부산-페테르부르크 구간의 경우는 해상운송 2천500달러, TSR 경유 5천 달러로 해상운송이 절반 가격이어서 TSR 경유 수송은 경쟁력을 상실했다.[26]

셋째는 가용성의 문제다. TSR의 연간 최대 수송량 100만 TEU 중 70% 정도는 러시아의 자체 화물수송에 사용된다. 따라서 제3국 통과화물 수송용량은 연간 30만 TEU 정도에 불과하며, 이를 한국, 중국, 일본 세 나라 화물이 나누어 써야 하는 상황이다. 세 나라가 균등하게 나누어 사용할 경우 한국 화물이 사용 가능한 수송량은 연간 10만 TEU 정도다. 그런데 한국과 유럽 사이의 연간 수출입 물량은 130만 TEU에 이르기 때문에, 설사 TSR노선이 모든 면에서 조건이 유리하다 하더라도 가용성 측면에서 한국-유럽 물동량의 7~8% 밖에 소화하지 못하는 문제점이 있다.

대형 컨테이너선의 경우 한 척이 20피트 컨테이너 1만 2천 개를 수송하지만, TSR의 경우 한번에 106개(53량x2개) 밖에 싣지 못한다. 따라서

---

26 이 통계수치는 이옥남, "TSR 운영실태 분석에 따른 TKR 연계 가능성 진단," 「ISSUE PAPER」, 한국교통연구원 동북아·북한연구센터, 2012.4.13에서 인용.

TSR 노선의 연간 최대 수송량 100만 TEU를 한국화물이 완전히 독점한다 하더라도 하루에 수송 가능한 컨테이너는 약 2천700개에 불과하다.

한국 화물이 TSR 수송용량의 10%를 점유한다고 가정할 경우, 하루에 수송 가능한 컨테이너는 270개뿐이다. 이 속도로 대형 컨테이너선 한 척에 싣는 화물 1만 2천TEU를 유럽에 수송하려면 무려 44.4일이 걸린다. 일 년 내내 수송해봐야 대형컨테이너선 8척분 밖에 수송하지 못한다는 계산이 나온다.

넷째는 수송리스크의 문제다. TSR을 통한 수송은 러시아 극동에서의 환적 지연, 통관 지연 등으로 운송기간 편차가 커서 납기상의 리스크가 높은 상황이다. 러시아 극동에서 환적이 장기간 지연되는 이유는 TSR이 너무 느리고 물동량이 포화상태이기 때문이다. 수출화물은 납기를 맞추지 못할 경우 배상금이 수반되는 경우가 많기 때문에, 한국 기업들은 전반적으로 해운에 대한 선호도가 더 높다. 특히 TSR 요금이 대폭 인상된 2006년 이후에는 더욱 그렇다.

이처럼 문제점이 많은 TSR에 북한을 통과하는 TKR을 연결할 경우, 북한통과 철도 건설비는 한국 정부가 부담한다 치더라도, 북한지역 통과료가 추가될 것이고, 남북한 분계선 및 북한-러시아 국경에서의 통관 및 환적에 따른 시간 지연 가능성이 있다. 또한 남북관계 악화 시 북한 당국에 의한 화물통관 중단 등 예상할 수 없는 수송리스크가 추가될 것이다.

따라서 TKR-TSR 연결노선의 중대한 정치적 상징성에도 불구하고 그것이 과연 해상운송에 비해 경쟁력을 가질 수 있을지는 의문이다. 이 노선이 경쟁력을 가지려면 느리고 노후한 시베리아 횡단철도의 대대적인 현대화 작업이 전제되어야 할 것이며, 또한 한국 화물의 북한지역 통과가 남북관계 리스크로부터 자유로울 수 있도록 보장체제가 선행되어야 할 것이다.

다음으로 남·북·러 **가스관 연결 프로젝트**를 들여다보자. 이 프로젝트는 TSR의 경우와는 달리 아직 실재하지 않는 프로젝트이므로 경제성을 검증할 방법은 없고, 단지 담론차원에서만 논의가 이루어지고 있을 뿐이다.

이 프로젝트에 대한 검토 포인트는 세 가지다. 가스 연결관이 LNG 선박을 통한 현재의 수송방식에 비해 경제성이 있는지의 문제, 현재 서유럽에서 문제가 되고 있듯이 러시아에 에너지원을 의존하는데 따른 러시아 리스크의 문제, 그리고 끝으로 우리의 에너지 생명선이 북한을 통과하는 데 따른 북한리스크의 문제다.

첫째는 경제성의 문제다. 사람들이 러시아 가스 도입문제에 대해 깊은 관심을 갖기 시작한 것은 유가가 하루가 다르게 오르던 2000년대 초부터였다. 당시 우리가 생각했던 방식은 판매자인 러시아가 북한을 통과하는 가스관을 자비로 설치하고 우리는 사할린 천연가스를 싸게 사기만 하면 된다는 순진한 생각이었다.

그러나 러시아는 계산이 전혀 달랐다. 가스관 건설비는 한국이 부담해야 한다는 것이었고, 제시하는 가스(PNG) 공급가격도 생각보다 훨씬 비쌌다. 따라서 사할린과 가스관을 연결하여 PNG 가스를 공급받게 될 경우, 그것이 선박을 이용한 LNG 가스 수입방식보다 더 저렴하리라는 보장은 어디에도 없었다.

더욱이 가스관 건설비용을 한국이 부담해야 한다면 일단 가스관이 건설된 후에는 러시아가 가스 가격을 아무리 비싸게 불러도 견제할 방법이 없어 협상력이 완전히 상실된다. 한국이 미래에도 적정한 가스가격을 보장받으려면 가스관 설치비용은 러시아가 부담하거나 최소한 균등하게 부담하는 것이 필요하나, 그럴 기미는 보이지 않았다.

또한 국제 에너지시장에서 아시아 지역으로의 가스 판매가격은 유럽이나 북미보다 훨씬 높은 것이 일반적이어서, 러시아가 한국에 가스를 판매할 경우 다른 지역보다 가격을 훨씬 높게 책정하게 될 것이라는 점을 염두에 두어야 한다. 중국과 러시아는 10년 이상 정상회의 때마다 러시아 가스 도입 문제를 협의했지만 도입가격의 이견으로 인해 계약이 성사되지 못하고 있다.

더욱이 지난 수년간 미국의 셰일 가스 개발 기술발전으로 천연가스 가격은 날로 저렴해지고 있다. 그에 더하여 사우디가 셰일 가스의 패권장악을 저지하기 위해 원유증산을 단행하는 등 에너지 가격에 혁명이

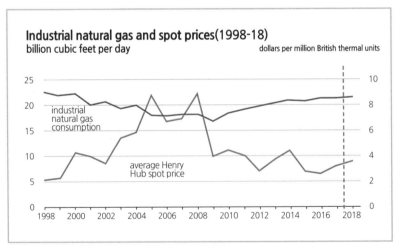

천연가스 국제가격 추이(미국 에너지정보처)

일어나고 있는 시점이어서, 한국으로서는 굳이 사할린 가스에 장기계약으로 얽매일 이유가 없다.

미국은 현재 셰일 가스 생산 공정에서 굴착시간을 50% 단축하고 굴착거리를 2배 이상 증가시키는 등 제2의 기술혁명을 이룩하고 있어, 2040년에는 셰일 가스 생산량이 세계 천연가스 총 생산량의 53%를 점유하게 될 전망이다. 이러한 생산량 증가에 따라 가격도 지속적으로 하락할 가능성이 예견되고 있다. 이에 따라 미국에서는 석탄이나 석유용 발전설비를 천연가스 발전소로 대체하는 움직임이 활발히 진행되고 있다.

둘째는 러시아 리스크의 문제다. 많은 EU 회원국들은 러시아산 천연가스를 파이프라인을 통해 수입하고 있고, 특히 독일, 오스트리아, 체코, 폴란드 등 동부유럽 국가들이 러시아 천연가스에 많이 의존하고 있다. 이러한 높은 의존도 때문에 러시아의 가스공급에 문제가 발생하면 EU 국가들이 큰 피해를 입게 된다.

가장 최근 발생한 문제는 2009년 러시아-우크라이나 가스분쟁에 따른 러시아 천연가스의 EU지역 공급중단 사태였다. 러시아는 우크라이나와의 가스대금 협상이 결렬되자 2009년 1월 우크라이나에 대한 가스공급을 중단했고, 이어서 우크라이나가 유럽행 가스를 도중에 불법 유용하고 있다고 하면서 유럽행 가스공급을 전면 중단했다. 이로 인해 한겨울에 난방이 중단된 유럽 각국에는 비상사태가 선포되었고 사망자까지 발생했다.

이러한 사태는 EU의 대러시아 제재 등 정치적 분쟁이나 무력분쟁이 생길 때도 얼마든지 발생할 수 있어, EU로서는 심각한 러시아 리스크가 되고 있다. 이 때문에 EU는 터키 경유 가스관을 신설해 러시아뿐 아니라 이란 등 여타국가 천연가스를 함께 수입하려 했으나, 러시아의 반대로 실현 가능성이 불투명한 상황이다.

러시아산 가스 수입문제에 대한 일본 정부의 정책에는 이러한 러시아 리스크가 잘 반영되어 있다. 일본은 사할린에서 바다만 건너면 가스관을 통해 바로 천연가스를 공급받을 수 있는 가까운 거리에 있지만, 에너지 때문에 러시아에게 약점을 잡히지 않기 위해 가스관을 설치하지 않고 있다.

LNG는 원유와는 달리 국내에 고가의 저장시설, 파이프라인 등 막대한 시설투자가 필요하기 때문에, LNG 수입국은 소수국가에 국한된다. 따라서 선박을 이용해 거래되는 국제 LNG 시장에서는 구매자가 '갑'이고 판매자가 '을'인 관계가 일반적이다. 그러나 특정 공급국과 가스관을 연결하여 도입하는 PNG의 경우는 공급선 변경이 어렵기 때문에 공급자가 갑이 되고 구매자는 을이 되기 십상이다. 가스관 건설비를 구매자가 부담한다면 입장은 더욱 약화될 것이다.

현재 세계적으로 미국 및 EU의 대러시아 관계가 악화되고 있는 터에 한국이 새삼스럽게 러시아를 주된 에너지 공급선으로 선정해 스스로 속박이 되는 것은 경제성도 없을뿐더러 국제정치적 리스크가 너무도 크다.

셋째는 북한 리스크의 문제다. 가스관이 북한을 통과하게 되면 한국은 가스관의 볼모가 되어 늘 북한의 무리한 요구를 들어주어야 하는 처지가 될 수 있다. 더욱이 남북관계 악화 시 또는 무력충돌 발생 시에는 북한이 가스관을 일방적으로 차단할 가능성까지 열려있어, 유사시 북한에게 칼자루를 쥐어 주는 결과가 초래될 것이다.

북한이 터무니없는 가스관 통과료를 요구하면서 가스관을 잠글 경우에도 한국으로서는 대응수단이 마땅치 않다. 2010년 겨울 우크라이나가 자국을 통과하는 러시아 가스관을 불시에 잠그는 바람에 이에 의존하던 많은 유럽 국가들이 거의 공황상태에 빠진 적이 있다.

외부로부터의 안보 위협에 상시 노출되어 있는 한국이 북한을 통과하는 가스관을 통해 러시아산 가스를 도입한다면, 국가의 주요 에너지 공급이 러시아에 예속되고 가스 수송은 북한의 처분에 맡겨지는 심각한 결과가 초래될 것이다. 따라서 경제적 측면에서나, 국제정치적 리스크의 측면에서나, 국가안보의 측면에서나, 북한을 통과하는 가스관을 설치해 사할린 가스를 수입한다는 구상은 있어서 안 될 위험한 선택인 것으로 보인다.

이상 살펴본 바와 같이, 북한을 관통하는 철도와 가스관을 건설하여 물류와 에너지 공급을 개선하자는 구상은 당초의 좋은 의도에도 불구하고 경제적 타당성이 의문시되며, 얻는 이익에 비해 경제 외적인 리스크가 너무 큰 프로젝트다. 이들 프로젝트가 실현될 경우 북한을 관통하는 인프라와 물류 라인을 구축한다는 정치적 상징성과 북한에게 일정액의 통과료를 안정적으로 공급한다는 대북 경제지원의 효과 외에는 기대하기 어려운 것으로 보인다.

따라서 그러한 프로젝트가 현실화되기 위해서는 무엇보다도 명확하고 현저한 경제적 타당성의 확보가 선행되어야 할 것이며, 아울러 남북한 관계가 현재보다 훨씬 개선되고 장기적으로 안정적인 관계가 보장되는 것이 선결요건인 듯하다. 그러한 한반도의 여건 변화가 선행되지 않는 한 이들 프로젝트는 '위대한 환상'의 범주를 넘어서기 어려울 것이다.

6

서독이 동독에 퍼 주고도
성공한 이유

한국은 과거 김영삼 정부가 대북한 식량지원을 시작한 이래 박근혜 정부에 이르기까지 25년간 무역, 투자, 식량지원, 의약품지원, 금강산관광, 개성공단, SOC지원 등 각종 교류협력사업을 벌였다. 통일부 자료에 따르면, 그 기간 중 대북송금 및 현물제공 형식으로 북한 측에 지불된 현금과 현물은 총 103.6억 달러(9~10조 원)에 이른다.

이러한 남북경협은 이를 통해 북한을 변화시키겠다는 취지에서 시작

정부별 대북 송금 및 현물제공 내역 ('17년 2월 기준)

단위 : 만 달러

구분	정부차원		민간차원		총계
	현금	현물	현금	현물	
김영삼정부	-	26,172	93,619	2,236	122,027
김대중정부	-	52,476	170,455	24,134	247,065
노무현정부	40	171,621	220,898	43,073	435,632
이명박정부	-	16,864	167,942	12,839	197,645
박근혜정부	-	5,985	25,494	2,248	33,727

자료 : 통일부

되었으나, 당초 목적과는 달리 철조망으로 둘러싸여 철저히 통제되는 금강산 관광지구와 개성공단 외에는 북한의 개혁개방 등 변화를 유도하지도 못했고, 북한동포의 인권개선이나 이산가족 상봉에 미친 긍정적 영향도 없었으며, 오히려 북한에게 핵개발, 미사일개발 자금만 제공했다는 비판을 받았다.

특히 김대중, 노무현 정부 10년간 대북 송금과 현물지원은 총 68.2억 달러(약 6조 원)로 최고조에 이르렀는데, 아이러니컬하게도 한반도 안보정세는 그 시기에 집중적으로 악화되었다. 그 기간 중 북한은 한국과 일본을 겨냥한 600여 기의 스커드 미사일과 200여 기의 노동미사일을 실전배치 했고, 수억 달러가 소요되었을 최초의 장거리미사일 시험발사와 최초 핵실험도 바로 그 시기에 실시했다. 북한과의 두 차례 연평해전도 모두 그 시기에 발생했다. 그 때문에 대북한 경제원조와 교류협력의 대가가 대체 무엇인가 하는 비판이 제기되어 왔다.

독일의 경우도 서독 정부가 브란트 수상의 동방정책이 시작된 1970년대 초 이래 '대동독 퍼주기'라는 비판 속에서도 동독에 대한 경제지원과 교류협력 정책을 지속했다. 그러나 그 구체적 방식은 한국의 경우와는 매우 대조적이었다. 한마디로 서독 정부는 대동독 지원에 있어서 철저한 상호주의 원칙을 적용했고, 그 원칙에서 한 번도 물러서지 않았다.

1971년 동서독 「교통협정」 이후 서독 정부는 통일 때까지 19년간 SOC 투자 위주로 약 50억 마르크(약 20억 달러)를 동독에 지원했는데, 그 결과 동서독 간 인적교류가 대폭 증가하고 동독의 제도개혁, 인적교류 확대, 동독 주민 인권개선 등 다분야에서 괄목할만한 진전을 이룩했다. 이는 1990년 독일 통일의 가장 중요한 밑거름이 되기도 했다.

유사한 여건 하에서 유사한 금액의 경제적 지원을 제공하고도 한국은 남북 간의 자유로운 인적·경제적 교류를 확대하고 북한의 개방개혁을 유도하는 데 실패한 반면, 서독은 그 모든 것을 실현하여 평화통일의 기반을 조성할 수 있었다. 서독이 그러한 성공을 거둘 수 있었던 중요한 이유가 몇 가지 있다. 이는 우리가 남북관계를 다루어 나감에 있어서 배우고 본받아야할 중요한 교훈이다.

첫째, 서독 정부는 '자유를 희생하면서까지 통일을 이룰 수는 없다'는 원칙하에 통일을 서두르지 않았고 통일을 아예 국가목표로 삼지도 않았다. 통일지상주의를 배격하고 자유와 평화를 항상 통일보다 우선순위에 두었으며, 동독 주민들의 자유로운 삶에 가장 중점을 두어 주로 인도주의적 차원에서 대동독 접근을 이루어 나갔다. 동독을 외국이 아닌 특수관계로 보기는 했으나, 동독의 흡수통일을 지향하지도 않았고 동독과의 협상을 통한 평화통일을 추구하지도 않았다. 서독 정부는 단지 동독주민의 자유와 인권 향상에 노력하면서 동독이 스스로 운명을 결정하기를 기다렸다.

따라서 한국의 통일부와 같은 대동독 통일협상을 위한 정부조직도 없었고, 동독과의 협상은 수상실과 외교부, 경제부처 등이 담당했다. 서독 정부에 내독성이라는 조직이 있었으나, 이 부처는 동독에 관한 연구와 교육, 동서독 간 인적교류 및 정보교류 확대, 동독에 대한 홍보방송, 동독인 귀화자 지원 정도의 행정적 기능을 하는 데 그쳤고, 독일 통일문제는 관할사항이 아니었다.

둘째, 서독 정부가 동독에게 경협을 제공한 이유는 동독경제를 도와주기 위한 것이 아니라 동독을 변화시키고 동독 주민의 인권을 개선하기 위한 것이었다. 따라서 서독 정부는 경협을 제공함에 있어서 '조건 없는 지원은 없다'는 확고한 원칙을 세우고, 매 건마다 경협의 조건으로 동독의 제도개선, 동독인의 서독방문 확대, 인권개선, 정치범의 서독 행 허용, 고령자의 서독 이주 확대, 동독인의 서독방송 청취 허용 등 구체적 요구사항을 제시했다. 그리고 그 이행과 경협을 철저히 연계했다.

이러한 원칙은 브란트 수상에서 시작하여 슈미트 수상, 콜 수상에 이르기까지 변함없이 계승되었다. 그 결과 분단기간 중 동독과 서독으로부터 각각 100만 명 이상의 분단독일 국민들이 매년 상대측을 방문했고, 대다수 동독 주민들이 자유롭게 서독 방송을 듣고 살았다. 한반도 상황과는 전혀 차원이 다른 동서독 간의 이러한 대규모 인적·물적 교류는 통일 때까지 한 차례도 중단됨이 없이 지속되었다.

뿐만 아니라, 서독 정부의 1972년 동방정책 개시 이래 1990년 통일 때까지 18년간 이산가족 등 동독 주민 25만 명이 동독 당국의 공식 허가를 받아 서독으로 이주했으며, 수감된 동독 정치범과 그 가족 33,755명이 서독 정부의 몸값 지불로 서독으로 이주할 수 있었다. 당시 서독 정부가 지불한 몸값은 동독정치범 1인당 4~10만 마르크(2~4만 달러) 수준이었다.

셋째, 서독 정부의 대동독 경제 지원은 주로 SOC 건설 분야에 집중되었다. 특히 서독 사람들이 자유롭고 편리하게 동독지역을 왕래하고 무역을 할 수 있도록 동서독과 동서베를린 사이를 연결하는 수많은 도로, 철도, 운하를 개설하는 데 중점을 두었다.

동서독 간의 1971년 교통협정에 따라 동서독과 동서베를린 사이에 27개의 철도, 도로, 운하가 개설되었고, 이 교통로를 통해 1950년대부터 통일 시까지 동서독 양측으로부터 매년 50만~200만 명이 상대측 지역을 방문했다. 동서독 사이에 장벽이 있기는 했으나, 굳이 담을 넘어올 필요가 없을 정도로 인적교류가 활발히 허용되었다. 이러한 인적교류는 통일 때까지 중단 없이 계속되었다.

1983년 경제정책 실패로 빚에 쪼들린 동독 정부는 서독 콜 수상에게 10억 마르크(3~4억 달러)의 차관보증을 요청했다. 서독은 그 대가로 동독 주민의 월경을 막기 위해 동서독 장벽에 설치된 자동사격장치의 제거를 비롯하여 동서독 주민의 상호이동을 확대하기 위한 여러 조치들을 요구했다. 그 결과 1984년 자동사격장치가 모두 철거되었고, 4만 명의 동독인에 대한 서독 이주가 허용되었으며, 상호방문의 수속절차와 검문절차가 대폭 간소화되었다.

이듬해인 1984년 동독은 다시 9억 5천 마르크에 대한 추가 차관보증을 요구했는데, 동독은 서독 측 요구에 따라 동독을 방문하는 서독인에 대한 환전규제를 완화하고 체류기간 연장을 허용하는 조치를 취했다. 1987년 호네커 동독 수상이 서독을 방문했을 때는 서독 측의 과학기술 협력 확대에 대한 반대급부로 여행, 방문, 소포우송 등에 관한 완화조치가 이루어졌다.

1989년 동서독 통일이 임박했던 시기에 동독 정부가 다시 차관보증을 요청해 오자, 서독은 정치범 석방, 국경초소 개방, 언론자유와 노조활동의 자유 보장, 계획경제 폐지와 시장경제 구축 등 파격적인 개혁개방 조치들을 조건으로 요구했고 그 중 많은 것을 받아냈다.

그해 말 동독 주민의 탈출행렬이 이어지자, 동독 정부는 경제를 안정시키기 위한 대규모 차관을 서독에 요청하면서 동서독 통일문제 논의를 제안했다. 그러나 서독 정부는 국민의 대표성이 없는 공산당 정부와의 통일문제 논의를 거부하고 공산당 일당독재 폐지와 자유총선거를 요구했다.

궁지에 몰린 동독 정부는 하는 수 없이 이듬해 3월 자유총선거를 실시했고, 이를 통해 구성된 동독 의회는 드 메지에르 수상의 요청에 따라 동독의 해체와 서독으로의 흡수통일을 의결했다. 그 결과 동독지역 5개 주가 독일연방(서독)에 개별적으로 가입하는 형태로 통일이 이루어졌다. 독일의 재통일은 이처럼 서독 정부의 현명하고 확고한 정책과 동독 정치인들의 자발적 결단에 의해 실현되었다.

이러한 독일 통일의 과정을 돌이켜볼 때, 독일의 평화통일에 가장 큰 영향을 미친 것은 경제지원과 동독의 개혁개방을 철저히 연계시킨 서독 정부의 일관성 있는 정책이었다. 특히 그러한 연계조건을 동서독 사이의 인적교류 확대와 동독 주민 인권개선에 집중시킨 서독의 정책으로 인해, 동독의 개방개혁이 촉진되고 동서독 체제의 우열이 확연히 노출되었다.

이는 서독 정부와 유사한 금액을 지원하고도 북한의 변화를 유도하는 데 실패한 한국의 대북경협 사업과 매우 대조적이어서 좋은 시금석이 되고 있다. 우리의 대북경협도 이를 진정한 한반도 평화와 남북관계 개선으로 연결시키기 위해서는 북한의 개혁개방, 인권개선, 이산가족 상시상봉, 국군포로 및 납북자 송환, 정치범수용소 폐지, 탈북자 강제송환 중단, 자유로운 방송청취, 탄도미사일 감축, 비핵화 등 남북 간의 무수한 핵심현안들과 철저히 연계하는 방향으로 개선이 이루어져야 할 것이다. 그리된다면 우리 국민 중 어느 누구도 이를 '대북한 퍼주기'라 비판하지 못할 것이며, 대북한 지원 문제로 국제사회와 갈등을 빚거나 유엔 제재조치를 위반하는 일도 발생하지 않을 것이다.

대한민국의 위험한 선택

초판 1쇄 발행일 2019년 1월 30일
초판 3쇄 인쇄일 2019년 3월 11일

지은이 이용준
펴낸이 안병훈
펴낸곳 도서출판 기파랑
디자인 커뮤니케이션 울력
등록 2004년 12월 27일 제300-2004-204호
주소 서울특별시 종로구 대학로8가길 56(동숭동 1-49) 동숭빌딩 301호
전화 02-763-8996(편집부) 02-3288-0077(영업마케팅부)
팩스 02-763-8936
이메일 info@guiparang.com

ISBN 978-89-6523-632-0 03300